AF508905

POLITIQUE ET MORALE.

POLITIQUE ET MORALE

PAR

Elie Pouzolz

> Il est nécessaire aux hommes d'avoir des lois,
> et de s'y assujétir.
> PLATON.

> Plus d'états ont péri parce qu'on a violé les
> mœurs que parce qu'on a violé les lois.
> MONTESQUIEU.

Paris,

IMPRIMERIE DE VINCHON,
RUE J.-J. ROUSSEAU, 8.

1842.

POLITIQUE ET MORALE.

LIVRE PREMIER.

CHAPITRE Iᵉʳ.

De la politique étrangère.

« La guerre qui ravage les quatre parties du
» monde, doit-elle être éternelle? Comment les nations les plus policées de l'Europe peuvent-elles
sacrifier à des idées de vaine grandeur le bien du
commerce, la prospérité de l'intérieur, le bonheur des familles? Comment ne sentent-elles pas

» que la paix est le premier des besoins comme la
» première des gloires (1) ? » Voilà ce que disait un
conquérant. O peuples ! faites ce qu'il a dit, mais
non pas ce qu'il a fait.

Cherchez cette gloire paisible, dont vous avez besoin pour votre prospérité et votre bonheur.

Cessez de dire que la justice envers les ennemis
n'est pas la justice envers les citoyens, et dites plutôt : « Les magistrats doivent rendre la justice de
» citoyen à citoyen : chaque peuple la doit rendre
» lui-même de lui à un autre peuple. Dans cette
» seconde distribution de justice, on ne peut em-
» ployer d'autres maximes que dans la pre-
» mière (2). »

Ne dites pas : il faut répandre notre ardeur que-
relleuse et notre humeur belliqueuse au dehors,
pour qu'elles ne nous amènent pas la guerre civile
et la ruine ; car, « il est vrai que la guerre étran-
» gère est un mal bien plus doux que la civile ; mais
» je ne crois pas que Dieu favorisât l'injuste entre-
» prise d'offenser et de quereller les autres peuples
» pour notre commodité (3). »

Mais dites : « Ne craignons point de reconnaitre
» qu'il y a quelque chose d'illicite même contre les
» ennemis ; et que tout n'est pas permis à un
» homme de bien pour le service de son pays (4). »

Qu'ainsi, la nation forte ne profite pas de la fai-

<hr>

(1) Bonaparte, premier consul, dans sa lettre au roi d'Angleterre.
(2) Montesquieu.
(3) Montaigne.
(4) Idem

blesse des autres nations pour s'arroger des droits
qu'elle leur refuse. Qu'ainsi, elle ne fasse pas passer
son armée sur le territoire des peuples faibles, et ne
les force pas à la nourrir, tandis qu'elle leur refuse
le passage d'un char ou d'un citoyen; qu'elle ne pro-
mène pas orgueilleusement son pavillon sur leurs
mers et leurs fleuves, tandis qu'elle leur refuse l'en-
trée d'un bateau dans ses eaux les plus éloignées ;
qu'elle ne prétende pas un droit odieux de visite à
bord de leurs navires, tandis qu'elle envoie les siens
dans leurs ports sans leur en dire le motif; qu'elle
ne refuse pas de leur rendre leurs criminels, tandis
qu'elle exige impérieusement ou fait enlever chez
ces peuples ses citoyens coupables de délits; qu'elle
ne confisque pas, en cas de guerre, les marchandises
de leurs négociants, tandis qu'elle crie à la barbarie
et à la violation du droit des gens, lorsque ses négociants sont légèrement lésés en pays étranger ;
qu'elle ne bombarde pas leurs villes maritimes et
n'incendie pas leurs flottes, sans déclaration de
guerre, tandis qu'elle s'étonne qu'ils osent lui tirer
un coup de canon après les hostilités; qu'enfin elle
agisse envers eux comme elle voudrait qu'un plus
fort agît envers elle.

Ne bloquez pas injustement tout un continent,
conservez les droits des neutres, et respectez le caractère sacré des ambassadeurs.

Ne dites pas que la raison d'état commande l'injustice ; car les particuliers diraient à leur tour que
la raison du plus fort est la suprême loi ; et, l'intérêt
seul guidant les états et les particuliers, tout ne

serait bientôt sur la terre qu'injustice, spoliation, brigandage et assassinat. « La seule philosophie
» suffit pour nous faire entendre que la force nous
» est donnée pour conserver notre bien, et non pas
» pour usurper celui d'autrui (1). »

Étendez vos idées de justice, de charité, de générosité et de religion ; et sachez aimer les chrétiens, parce que vous êtes frères en Jésus-Christ, et les gentils, parce que vous êtes frères en Dieu.

Sachez, qu'en fondant le bonheur de l'humanité, vous fonderez le bonheur de votre patrie et le bonheur de chaque particulier ; car le bonheur de tous fait le bonheur de chacun, et, quand il est général, il faut bien que chacun en ait sa part.

Faites donc évanouir les haines de nations à nations ; détruisez vos barrières ; faites communiquer vos mers et vos fleuves ; creusez des canaux communs ; faites des chemins où se croisent et se saluent les citoyens de tous les pays ; échangez vos lois, vos coutumes, vos mœurs, vos idiomes et vos intelligences, et les produits de vos sols, et ceux de votre industrie ; et formez une immense famille unie par les liens sacrés de la charité.

Hâtez-vous, hâtez-vous avant que la voix de vos politiques égoïstes et perfides vous corrompe entièrement ! Hâtez-vous de rejeter leurs conseils ! N'écoutez pas leur prétendue raison d'état ; soyez sourds à leurs paroles insidieuses ; méprisez leurs railleries, et ne croyez pas, comme ils vous le di-

(1) Bossuet.

-ent, que l'union et la concorde avec les étrangers soient une utopie, car ils ne veulent que leur avantage; ils ne pensent qu'au bonheur d'augmenter leur fortune et leur pouvoir, et se soucient fort peu que vous soyez heureux; et, quand ils vous auront conduits à votre perte, ils s'énorgueilliront de leurs talents, et se glorifieront de l'accomplissement de leurs desseins, et ils se poseront devant vous comme des gens d'une vaste intelligence, et ils voudront que vos historiens les livrent à l'admiration de la postérité.

Refusez de croire qu'ils soient bons et sages, car le plus sage des Grecs vous apprend que « qui-
» conque aura pour objet unique et principal les
» guerres du dehors, ne sera jamais un bon poli-
» tique, ni un sage législateur (1). »

Sortez enfin de l'état de corruption, cet état intermédiaire dans lequel on aime la guerre, le vol, l'assassinat et les crimes de toute espèce, et élevez-vous au degré de civilisation où l'on aime la paix et la tranquillité; car, si vous deviez rester dans l'état de corruption, il vaudrait mieux pour vous revenir à l'état de nature dans lequel la solitude du moins vous empêcherait de faire la guerre.

(1) Platon.

CHAPITRE II.

De l'intervention.

Il est des peuples impies qui profitent de la guerre
qu'un peuple a avec un autre peuple, pour s'emparer d'une partie de son territoire. Cette conduite
lâche est odieuse à l'Être suprême, et jamais elle ne
reste impunie.

Rarement, au contraire, se fait attendre la récompense pour celui qui porte son aide au faible contre
le fort, et il en retire toujours un avantage; car,
outre qu'il est généreux et grand de secourir le faible contre le fort, et que la louange et les applau-
dissements sont pour celui qui agit ainsi, il humilie
un rival, et diminue sa force, et, s'ils ont encore la
guerre ensemble, il en est plus facilement vainqueur.

Bien fou est celui de vous qui donne son aide
au fort contre le faible; car, lorsque le fort aura

conquis le faible, il sera plus fort, et s'il se tourne
contre vous lorsque vous serez seul pour lui résister, il vous vaincra et vous subjuguera, et vous per-
drez votre indépendance, juste châtiment de votre
lâcheté et de votre folie.

N'intervenez donc jamais qu'en faveur du faible et
de l'opprimé, et mettez obstacle aux conquêtes et aux
spoliations; car, outre que vous serez juste et
agréable à Dieu, vous maintiendrez ainsi l'équilibre,
et vous établirez la paix, qui est l'état le plus doux
pour les rois et les peuples, et vous vous donnerez
ainsi des titres pour être secouru, si vous étiez
attaqué; et votre indépendance sera inébranlable,
parce qu'elle sera soutenue par la justice et le bon
droit.

Malheur à celui qui sème la discorde parmi les
citoyens d'un même peuple, et qui, sous le prétexte
d'une intervention amicale, entre armé chez ce
peuple, abat un parti avec le secours de l'autre,
et se tourne ensuite contre celui-ci, le soumet, et
s'empare de plusieurs provinces ou de toutes les
provinces de ce peuple malheureux! son injustice
criera contre lui, et les peuples se ligueront un jour
pour le combattre, et ses citoyens vaincus seront
partagés entre les nations victorieuses; car l'injustice
autorise l'injustice, et le spoliateur doit être spolié.
Cette conduite n'est pas moins infâme que celle d'un
procureur qui sème les procès dans une famille,
pour la dépouiller de sa fortune.

Malheur au peuple qui intervient armé, même
sans malice, dans les querelles intestines des autres

peuples ! Car que penseriez-vous d'un homme qui, voyant deux époux se battre, prendrait une arme pour frapper le mari ou la femme, afin de les séparer? vous l'accuseriez de folie ; et, si les deux époux se jetaient sur lui, le frappaient et le terrassaient, vous diriez qu'il l'a mérité. Or, pourquoi vous armeriez-vous contre une faction d'un peuple étranger, pour lui imposer un maître ou une forme de gouvernement qu'elle ne veut pas ? Et qui vous a dit que ce maître ou cette forme de gouvernement convient à ce peuple et doit être agréable à Dieu ?

Offrez votre médiation franche, loyale et désintéressée aux factions armées des peuples étrangers. Conseillez-leur de s'entendre et de se relâcher mutuellement de leurs prétentions. Dites-leur que l'opinion qui pousse des concitoyens, et souvent des frères, à s'entr'égorger, est du fanatisme et de la férocité, que le ciel eut toujours en abomination; qu'ils s'affaiblissent eux-mêmes bien plus que s'ils étaient en guerre contre les ennemis de leur nation ; qu'ils déposent les armes, qu'ils s'assemblent, et qu'ils décident leurs contestations à la pluralité des voix : et, s'ils ne veulent pas vous écouter, laissez la providence seule arbitre de leur querelle : et c'est ainsi que vous mériterez que Dieu vous aime et vous protège, et vous rende riche, puissant et heureux.

Mais si, dans la guerre civile d'une nation, une autre nation intervient armée, pour soutenir un parti contre celui qui a vos affections et votre sympathie, dont l'opinion, les désirs et les projets sont d'accord avec les vôtres, ou pour profiter de

ses discordes, et la dépouiller d'une ou de plusieurs
provinces, ou pour lui imposer un tribut, la raison
d'état, d'accord ici avec le devoir de l'humanité,
exige que vous interveniez aussi, pour soutenir le
parti que vous aimez, afin qu'il ne soit pas vaincu
et opprimé par l'étranger, pour empêcher que l'am-
bitieuse nation s'agrandisse aux dépens de l'autre,
et pour veiller à ce qu'il ne soit rien fait de contraire
au bon droit; car votre devoir est non-seulement
d'être juste, mais encore de vous opposer à l'injustice; et votre intérêt vous ordonne de ne jamais
laisser affaiblir une nation par l'agrandissement
d'une autre, à moins que vous vous agrandissiez
aussi, mais alors il faut que ce soit du consentement
libre et volontaire de toutes les parties.

Mais si un peuple subjugué et opprimé se révolte
contre son oppresseur, et, poussé par un sentiment
généreux, se lève armé, et proclame son indépendance, et veut l'acquérir au prix de son sang, et jure
de préférer la mort à l'esclavage, et désire être
exterminé plutôt que réduit encore à supporter le
joug honteux de l'étranger, et s'il est juste et bon,
vous lui devez des secours d'hommes et d'argent, et
vous devez dire à l'oppresseur : « vous avez commis
une chose odieuse à la divinité en réduisant ce peuple
malheureux en esclavage; et nous, et les autres
nations nous avons été coupables de vous laisser
consommer ce crime, à moins que des circonstances
malheureuses aient été des barrières à notre devoir,
mais, parce que vous l'avez conquis, vous n'avez
pas le droit de le tenir sous le joug ; et, quand il

réclame sa liberté, il ne fait que demander un bien qui lui appartient, et dont il avait été criminellement dépouillé ; et vous devez lui rendre sa nationalité et tous les droits et privilèges d'un peuple indépendant : et si vous ne le voulez pas, voici nos soldats ; ils s'avanceront et se heurteront contre les vôtres ; et nous soutiendrons l'opprimé de toutes nos forces, de tout notre courage, de toute notre richesse, de tous nos moyens ; et vous serez nos ennemis tant que vous serez oppresseurs, et jusqu'a ce que l'opprimé ait cessé de l'être, et soit délivré de l'esclavage, et ait reconquis sa liberté. » Et vous ferez comme vous l'aurez dit ; et, Dieu vous en tiendra compte, et la postérité vous applaudira.

CHAPITRE III.

Des grandes et des petites puissances.

Vos diplomates ont dit : « l'un des moyens de
» diminuer le nombre des causes de guerre est, sans
» contredit, de détruire le contact des grandes
» puissances par l'interposition d'états secondai-
» res (1). »

C'est là une bien grande erreur. « Le choc des
» grands princes est moins funeste que les disputes
» des petits (2). » Aussi ces diplomates se sont-ils
mis en contradiction avec leur maxime; car ils ont
dit : « quand on ne peut pas commander soi-même
» n'est-il pas prudent de se réunir à celui qui,
» commandant aux autres. nous associe à son
» commandement (3). »

(1) Bignon.
(2) Turgot.
(3) Bignon

Oui sans doute, il vaut mieux être une province d'une nation riche et puissante avec les mêmes droits et privilèges et tous les avantages des autres provinces de cette nation, qu'être un petit état qui, suivant notre sage légiste, « se maintient entre deux » grands états par leur jalousie mutuelle, mais » n'existe que précairement ; dont le prince est, à » proprement parler, un martyr de la souveraineté, » et qui est ouvert comme un caravansérail, où l'on » est obligé de loger les premiers qui viennent (1). »

Moins il y aura de puissances dans un continent, moins il y aura de chances de guerre. S'il n'y avait qu'une puissance, il n'y aurait aucune chance de guerre, et la paix serait immanquable. S'il y a deux puissances, il y a deux chances de guerre ; s'il y en a trois, il y a trois chances de guerre ; s'il y en a vingt, il y a vingt chances de guerre. Il y a autant de chances de guerre qu'il y a de puissances. Si donc vous diminuez les puissances, vous diminuez aussi les chances de guerre.

Lisez l'histoire : vous y verrez que plus les nations se sont agrandies, moins il y a eu de guerres : « l'am- » bition en formant les grands états d'une foule de » petits, met elle-même des bornes à ses ravages (2). »

Il fut un temps où chaque province, chaque ville, chaque château, chaque homme était une puissance : aussi dans ce temps-là on marchait toujours armé, parce qu'on était en état permanent de guerre ; peu à peu les hommes se soumirent aux châteaux, les

(1) Montesquieu.
(2) Turgot.

châteaux aux villes ou les villes aux châteaux, les villes et les châteaux aux provinces, les provinces aux royaumes ; et l'on cessa de marcher armé, et l'on commença à s'occuper des arts, des sciences, du commerce, de l'agriculture et de l'industrie, qui sont toujours les produits de la paix. Si maintenant les royaumes se formaient en grands empires, il y aurait plus d'arts, plus de sciences, plus de commerce, d'agriculture et d'industrie, parce qu'il y aurait plus de paix.

Je dis donc aux petites nations : vous êtes comme des fils de métal trop faibles pour porter un fort poids, qui, fondus ensemble et réunis en barres, peuvent non-seulement soutenir un fort poids, mais encore être des leviers assez puissants pour renverser un obstacle très fort. Fondez-vous ensemble et réunissez-vous, et votre faiblesse deviendra force, et votre impuissance deviendra puissance, et votre petitesse deviendra grandeur.

Vous êtes comme les ruisseaux et les petites rivières qui ne portent que des bateaux, n'étant pas assez profonds pour porter des navires et des vaisseaux, mais qui, réunis aux fleuves, portent des flottes entières avec des milliers de matelots et de soldats. Suivez le penchant qui vous entraîne vers une grande nation ; et, mêlées avec elle, au lieu de n'avoir, comme maintenant, que des bateaux et des mariniers, vous aurez des flottes, des armées navales et des amiraux pour les commander, et vous ferez respecter votre puissance sur les grands fleuves et les mers.

Deux hommes forts se disputaient un serviteur faible et cependant orgueilleux, qui ne voulait appartenir ni à l'un ni à l'autre, mais qui prétendait être libre et indépendant. Chacun lui disait : « Ce n'est pas pour être mon esclave que je veux que tu me suives, c'est pour être mon compagnon, mon aide, mon ami et mon frère. » Il répondait : « Pourquoi ne marcherais-je pas seul comme vous? — Parce que tu es trop faible, lui répondait chaque homme fort. En t'unissant à moi, tu seras fort de ma force, et l'autre n'osera plus t'attaquer, parce que, moi te défendant, nous serons deux contre un, et par conséquent les plus forts. » Et parce qu'il ne voulait pas écouter leurs paroles, ils se mirent tous deux à le battre jusqu'à ce qu'il fût mort.

Deux autres hommes se disputaient encore un serviteur, et, à cause de lui, se battaient souvent. Fatigués de se battre inutilement, ils convinrent que le serviteur ne serait à aucun d'eux, et que, pour ne plus se faire du mal, quand l'envie de se battre les prendrait, au lieu de se battre entre eux deux, ils se mettraient à battre ensemble le malheureux serviteur; et ils exécutèrent leur convention; et le serviteur, frappé par les deux hommes forts, meurtri par l'un, déchiré par l'autre, foulé par celui-ci, broyé par celui-là, finit par succomber et mourut.

Petits états, vous êtes ce serviteur que les états forts se disputent ou qu'ils mettent entre eux pour que vous empêchiez leur contact; et, comme ce serviteur, vous ne pourrez résister aux coups des états voisins, et vous périrez certainement.

Pourquoi tardez-vous donc à vous réunir chacun à la grande puissance qui est votre voisine, qui a vos sympathies, dont les lois et les usages vous plaisent, dont le commerce vous est avantageux, dont le langage, les coutumes et les mœurs sont conformes aux vôtres? Et pourquoi ne lui demandez-vous pas que vos citoyens deviennent les concitoyens des siens? Et pourquoi hésitez-vous à devenir une partie d'un tout fort et puissant plutôt que de rester un tout faible et incapable?

Mais, dites-vous, que deviendront nos chefs? Ils cesseront d'être les martyrs de la souveraineté; ils deviendront des citoyens de la grande puissance et n'en seront plus les victimes humbles et flatteuses. Ils devront être fiers de voir la nation dont ils seront citoyens parler d'égale à égale avec les autres nations; et ils cesseront de rougir d'être le jouet des grandes puissances, qui les élèvent ou les renversent à leur gré, qui font leurs affaires, leur dictent leurs volontés, et leur défendent de remuer un fétu sans leur permission : étrange souveraineté, en effet, pire cent fois que la condition de simple citoyen.

Je dis aussi aux grandes puissances que c'est une erreur de croire que l'interposition des petits états diminue les causes de guerre. Loin de là, c'en est un sujet éternel, incessant, renaissant; car ces petits états sont leur pomme de discorde. C'est parce qu'elles en désirent la possession qu'elles sont toujours en querelle et très souvent en guerre.

Cependant il ne faut pas qu'un continent soit soumis à un seul gouvernement, car ce gouvernement

deviendrait tyrannique, comme on l'a toujours vu.
Quand l'Asie ou l'Europe ont appartenu à un seul
souverain, il en a toujours été le despote, et les sujets
ont été malheureux. « C'est une condition indispen-
» sable pour le bien-être de l'homme en société,
» qu'il possède le privilège de pouvoir se soustraire
» au joug d'un gouvernement qui, pour une cause
» quelconque, lui est devenu intolérable. Un des
» grands maux causés par le gouvernement de Rome
» sous les empereurs, était la triste condition où se
» trouvait celui qui, ayant eu le malheur d'encourir
» le déplaisir du despote, ou ne pouvant plus sup-
» porter le gouvernement auquel il était soumis,
» n'avait aucun espoir de trouver ailleurs un asile;
» car, à cette époque, les limites de l'empire romain
» étaient presque les limites du monde (1). »

Il est donc de l'intérêt de tous, des grands états
comme des petits, qu'on se forme en plusieurs
grandes puissances; et il est de l'intérêt de toute l'Europe qu'elle se constitue en neuf grandes puissances.
Un concours de circonstances dont je ne connais pas
l'espèce, amènera ce changement favorable.

Toute la péninsule ibérique n'aura de nouveau
qu'un seul gouvernement. La France s'étendra jusqu'aux limites du Rhin. Toute l'Italie, la Suisse et
la Grèce seront réunies. La Turquie sera conservée
malgré la ruine qui semble la menacer. Toute l'Alle-
magne, la Hollande et la Pologne ne formeront plus
que deux puissances, l'Autriche et la Prusse. La
Russie aura perdu la Pologne. La Suède, qui possède

<hr>

(1) W. Godwin.

déjà la Norwège, y joindra le Danemarck. L'Angleterre n'aura plus rien à prétendre sur le continent
de l'Europe.

L'équilibre européen sera ainsi établi ; il y aura
beaucoup moins de chances de guerres, et les peuples auront plus de chances de stabilité, de prospérité et de bonheur.

CHAPITRE IV.

De la guerre et de la paix.

Notre sage légiste a dit : « Les conquêtes sont aisées
» à faire, parce qu'on les fait avec toutes ses forces ;
» elles sont difficiles à conserver, parce qu'on ne les
» défend qu'avec une partie de ses forces (1). »

Il a dit encore : « Il y a de certaines bornes que
» la nature a données aux états pour mortifier l'am-
» bition des hommes (2). »

Et il a dit encore : « La conquête ne donne point
» un droit par elle-même (3). »

Ce sont là de bien puissants motifs pour vous détourner de la guerre ; car à quoi bon faire des con-

(1) Montesquieu.
(2) Idem.
(3) Idem.

quêtes, si vous ne pouvez pas les conserver? A quoi
bon chercher toujours à vous étendre, si la nature
s'y oppose? A quoi bon vouloir vous arroger un droit
qui ne peut pas et ne doit pas exister.

Je dis donc que celui qui propose une guerre injuste, doit être déclaré méchant, traître, ennemi de
la patrie.

Mais il peut arriver que des circonstances, que
je vous conseille d'appeler malheureuses, forcent un
peuple à s'armer contre un autre peuple, soit qu'il
ait été extrêmement lésé dans ses intérêts et qu'on
ne veuille pas l'indemniser, soit que sa frontière
vienne d'être attaquée par un injuste agresseur; la
guerre alors devient juste et honorable, et elle est
un droit et un devoir.

Quand donc un peuple a commis une injustice
envers un autre peuple ou l'a attaqué, le peuple
lésé ou attaqué doit se lever en entier, hommes,
femmes et enfants, et marcher, la colère au cœur
et les armes à la main, contre le peuple injuste ou
agresseur, et la victoire sera pour lui, parce que
son bon droit le rendra courageux et intelligent; et
après la victoire, il doit exiger du peuple vaincu
qu'il lui livre l'homme qui a été cause de la guerre,
et il doit le faire mourir; parce que celui qui est
cause de la mort de plusieurs centaines ou de plusieurs milliers d'hommes, est plus coupable que
l'assassin d'un seul homme, et la mort doit être sa
punition, quoiqu'elle puisse ne pas être la punition
de l'assassin.

Mais le peuple vaincu ne doit pas être pillé, volé,

maltraité et conduit en esclavage par le peuple vainqueur ; car le bien volé à l'étranger crie contre le voleur autant que le bien volé au citoyen ; et la honte et le déshonneur seront le partage des chefs et des soldats d'une armée victorieuse qui auront commis la rapine et le brigandage dans un pays conquis, et leur prospérité, qui sera blâmée sur la terre, sera certainement punie au jour du jugement de Dieu.

Mais on sera juste, et l'on emploiera le meilleur moyen de conserver les conquêtes, si l'on déclare la terre conquise partie intégrante du territoire de l'État, et les individus de la nation conquise citoyens de la nation conquérante, avec mêmes droits et privilèges, mêmes lois, mêmes devoirs que les citoyens conquérants.

Un autre moyen de conserver les conquêtes, c'est de savoir les borner. Si vous vous contentez d'une province conquise, les traités vous la cèdent et vous l'assurent, parce qu'on craint de perdre davantage ; mais si vous voulez conquérir tout l'État, vous le réduisez au désespoir ; et, forcé de se défendre, il le fera peut-être si bien, qu'il parviendra non-seulement à vous empêcher de conquérir d'autres provinces, mais encore à vous chasser de celle que vous aviez conquise. « Il faut craindre les efforts » des gens désespérés : ils sont comme les mor- » sures piquantes des bêtes qui se meurent (1). »

A Dieu ne plaise que ce que je vous dis contre la guerre vous en fasse négliger l'art entièrement ! La guerre est un fléau ; il faut l'éviter autant qu'on le

(1) Grotius.

peut, mais il ne faut pas négliger les moyens de défense. Ne vous laissez pas corrompre et énerver par
les douceurs de la paix ; occupez-vous, au contraire,
à l'art de la guerre, pour pouvoir la faire avec avantage si vous y êtes forcés, et pour repousser l'agresseur qui se présenterait et conserver votre indépendance, car le dernier des malheurs est de devenir
la conquête d'un autre peuple.

Disons donc avec le sage de la Grèce que « le
» courage est une très belle chose, et qu'il n'est
» pas moins indispensable durant la paix qu'en
» temps de guerre qu'il y ait des chefs et des
» soldats occupés à veiller à la défense de la pa-
» trie (1). »

Mais je le dis encore, parce que je ne saurais
trop le dire : la guerre ne doit pas être la principale
occupation d'un peuple sage, ni le but principal
de ses lois : « La guerre n'a point été, elle n'est et
» ne sera jamais chose amusante, ni pas davantage
» chose sérieuse, digne de nous occuper ; au lieu
» que la chose la plus sérieuse pour nous est, à
» mon avis, de passer dans la paix la vie la plus
» longue et la plus vertueuse (2). »

Ne cherchez pas à vous étendre sur un vaste territoire ; mais soyez nombreux sur un territoire bien
cultivé : vous en serez bien plus forts et plus heureux.

Conservez la paix autant que vous le pourrez,
sans supporter l'influence orgueilleuse et l'injustice

(1) Platon.
(2) Idem.

d'une autre nation ; car c'est la paix qui sème vos champs, fait germer le grain dans la terre, et recueille des moissons abondantes ; c'est elle qui fait les routes et les chemins, creuse les canaux et perfectionne les moyens de transport ; c'est elle qui encourage le commerce et l'industrie ; elle qui agrandit les villes, les assainit et les orne de monuments ; elle qui rend plus vaste le domaine des sciences et des arts ; elle qui fait surgir les inventions utiles ; elle qui donne la richesse et la prospérité ; elle qui enseigne la vertu ; elle enfin qui protège et garde la liberté.

La paix est favorable à la liberté, parce qu'elle adoucit les mœurs et porte les esprits moins préoccupés et plus attentifs à se donner de bonnes institutions et des lois protectrices, et à les défendre avec fermeté ; tandis que la guerre et les conquêtes amènent presque toujours l'esclavage des sujets et le despotisme d'un maître.

« Les succès des gouvernements au-dehors sont
» toujours dangereux à l'intérieur pour la partie
» démocratique des institutions des peuples.... Les
» soldats prenant l'habitude d'une obéissance aveu-
» gle pour le chef sous lequel ils sont accoutumés à
» vaincre, ce chef est aisément tenté de substituer,
» même dans l'intérieur du pays, la force militaire
» à la force légale ; et les peuples eux-mêmes, fiers
» du haut rang où ils se voient élevés, s'abandon-
» nent avec plus de facilité à la discrétion d'un
» prince qui les éblouit de sa puissance et les couvre
» de sa gloire (1). »

(1) Bignon.

Les peuples qui veulent être heureux doivent bien se garder de désirer des conquêtes. Parce que le territoire sera plus grand, chaque citoyen en sera-t-il plus riche? Loin de là : il aura fallu augmenter les impôts, négliger l'agriculture, l'industrie et le commerce, et le citoyen aura souvent été ruiné. En sera-t-il plus heureux? Loin de là : il sera fier du surcroît de puissance de son pays ; mais il aura un père, un fils, un frère, ou plusieurs des siens morts dans les combats, à regretter; il aura à supporter les vexations du despotisme militaire ; et la volonté d'un chef orgueilleux aura brisé et détruit les droits de la nation : on aura plus de gloire, mais moins de liberté; plus de puissance, mais moins de bonheur.

Employons donc toute notre intelligence, tous les moyens moraux et physiques que Dieu nous a donnés à conserver et consolider la paix, et à nous ménager les bienfaits qu'elle répand sur ceux qui ont le bonheur d'en jouir. Et alors, libres d'inquiétudes pour le dehors, sûrs de ne pas être attaqués par les étrangers, nous pourrons donner tous nos soins à la forme de gouvernement, aux lois et aux mœurs qui doivent enfin nous rendre heureux.

CHAPITRE V.

De la meilleure forme de gouvernement.

Longtemps la sagesse des hommes a cherché une forme de gouvernement qui pût entièrement leur convenir; et maintenant que vous la possédez, jouissez de votre bonheur, et gardez-vous bien de le compromettre en cherchant encore le changement; car le gouvernement représentatif étant la fusion des autres, en a les avantages sans en avoir les inconvénients; et, s'il n'est pas parfait, c'est que les choses humaines ne peuvent pas l'être; mais il est celui qui approche le plus de la perfection.

Je dis aux partisans de l'absolutisme ce que le voyant disait à ses concitoyens : « Voici comment » vous traitera le roi qui régnera sur vous. Il pren-» dra vos fils, et les mettra sur ses chariots et » parmi ses gens de cheval, et ils courront devant

» son char. Il les prendra aussi pour les établir
» gouverneurs sur des milliers, et gouverneurs sur
» des cinquantaines, pour labourer ses champs,
» pour faire sa moisson, et les instruments de
» guerre et tout l'attirail de ses chariots. Il prendra
» aussi vos filles pour en faire des parfumeuses, des
» cuisinières et des boulangères. Il prendra aussi
» vos champs et vos vignes, et vos bons oliviers,
» et il les donnera à ses serviteurs. Il prendra la
» dîme de ce que vous aurez semé et de ce que vous
» aurez vendangé, et il la donnera à ses officiers et
» à ses serviteurs. Il prendra vos serviteurs et vos
» servantes, et l'élite de vos jeunes gens et vos che-
» vaux, et les emploiera à ses ouvrages. Il pren-
» dra la dîme de vos troupeaux, et vous serez ses
» esclaves (1). »

Et j'ajoute : Votre roi absolu dira que l'état c'est lui ; et tout ne se fera que par lui et pour lui. S'il est prodigue, il prendra vos fortunes pour les donner à ses courtisans. S'il n'est pas continent, il prendra vos femmes et vos filles pour satisfaire son incontinence. S'il aime la guerre, il prendra votre sang pour faire des conquêtes. Il commettra sur vous toutes les espèces d'exactions et de vexations ; et, si vous vous plaignez, il vous fera châtier par ses satellites, et vous fera tuer par ses bourreaux.

Je dis aux partisans de l'aristocratie : ces privilégiés que vous mettrez à votre tête ne penseront qu'à eux et n'agiront que pour eux. Ils feront des

____

(1) Samuel.

lois qui mettront à leur disposition vos propriétés et
vos personnes ; et ils vous laisseront dans l'indigence, tandis qu'ils vivront dans le luxe et l'abon-
dant superflu. Si ce sont des nobles, qui ne devront
leur puissance qu'au hasard, ils seront paresseux, et
vous travaillerez pour eux ; ils seront orgueilleux,
et ils vous mépriseront ; ils seront guerriers, et ils
feront de l'état une vaste caserne, d'où ils vous tire-
ront pour vous conduire contre des peuples inoffensifs. Si ce sont des riches, qui ne devront leur fortune qu'à la fraude et au vol, causes premières de
presque toutes les fortunes, ils feront la banque et
le commerce à vos dépens ; ils vous dépouilleront
pour contenter leur avarice ; et, accoutumés à faire
de tout trafic et marchandise, ils vous vendront
vous et vos enfants, et ils livreront l'état à celui qui
pourra l'acheter.

Je dis aux partisans de la démocratie : Vous avez
vu naguère à quel excès d'anarchie est arrivée,
lorsque les démagogues l'ont dominée, une révolution glorieuse et généreuse, dont les commencements
ont fait tant de bien en renversant les abus, et en
créant la liberté et l'égalité. Lorsque gouverne la
multitude ignorante et grossière, les lois sont le résultat de ses caprices et de sa folie ; et si elle rencontre quelque obstacle, elle le brise violemment, et
devient cruelle et féroce. Tout ce qui sort du niveau
de la basse classe l'offusque et l'irrite : la noblesse,
la fortune, l'éducation, l'instruction, lui déplaisent
et excitent sa colère. Elle prend ses chefs parmi les
hommes les plus grossiers ; et, dès qu'ils sont chefs,

elle les hait, parce qu'elle hait tous ses chefs, et elle les renverse. Le père tremble devant son fils, la mère devant sa fille, le professeur devant le disciple. L'ordre de toutes les choses est interverti : ce qui avait droit au respect est méprisé ; ce qui avait droit à l'amour est détesté ; ce qui avait droit à l'adoration est foulé aux pieds. Enfin le torrent populaire emporte tout avec lui, et ne s'arrête que pour tomber dans le gouffre de la tyrannie ; et alors, le peuple, rassasié de crimes et de sang, blasé sur le pouvoir, fatigué lui-même de dominer, se donne ou accepte un maître, et devient sujet incapable de vouloir, et esclave vil et rampant.

Il faut donc qu'un état, pour être heureux, ait un gouvernement ni monarchique, ni aristocratique, ni démocratique, mais mixte, un mélange de ces trois formes de gouvernement, qui se balancent et se corrigent mutuellement. « Non-seulement la raison, » mais encore l'expérience nous apprennent que la » forme de gouvernement la plus parfaite, est celle » qui est composée de la royauté, de l'aristocratie et » de la démocratie (1). »

(1) Polybe.

CHAPITRE VI.

Du principe monarchique.

L'antiquité a eu plusieurs gouvernements mixtes ;
mais ils ont péri, parce que, en général, le principe monarchique n'y était pas assez fort, ou y était
entièrement oublié.

Les temps modernes ont eu aussi des gouvernements mixtes, qui n'ont pas pu se soutenir. C'est
parce qu'ils étaient trop aristocratiques ou trop dé-
mocratiques, et que le roi, le président, le doge ou
le comité, chargé du pouvoir exécutif, n'était pas
assez fort ou assez stable.

Il n'y a pas de stabilité dans un état toutes les fois
que la première place est acquise par l'élection ;
parce qu'il s'y forme des brigues, des cabales, des
factions que conduisent des ambitions rivales ; et leur
choc ébranle l'état, et la corruption s'empare de tous
les esprits, et la ruine ne tarde pas à arriver.

On a dit et l'on dit encore que la république est
plus juste que la monarchie, qu'un consul est plus
naturel qu'un roi, que l'élection du chef de l'état est
plus équitable que l'hérédité ; car il semble choquant
qu'une famille privilégiée règne sur toutes les autres,
surtout lorsque Dieu ne l'a pas douée de plus d'intelligence et de force de caractère. On a sans doute
raison ; mais la monarchie est plus stable que la république ; mais un roi , que l'hérédité met sur le
trône, est la barrière qui retient les ambitions, et
sauve l'état « On a dit que l'hérédité est un frein à
» l'ambition, et on a raison (1). »

Une grande plaine était dominée par un côteau,
d'où la vue s'étendait au loin , et dont le sol était
riche et fertile ; et les cultivateurs d'alentour se le
disputaient ; et il était souvent ensanglanté par leurs
combats ; et ses moissons étaient détruites ; et, après
s'être battus sur le côteau , toujours irrités les uns
contre les autres à cause de sa possession que chacun ambitionnait, ils descendaient dans la plaine, et
la ravageaient, et l'ensanglantaient aussi. Leurs querelles empêchant la culture ou en détruisant les fruits,
ils devinrent pauvres et malheureux ; et le besoin de
se nourrir les força à s'entendre ; et ils dirent d'a-
bord : « le côteau n'appartiendra à personne. » Mais
au bout d'un certain temps, l'un d'eux en cultiva
un revers, un autre planta sur l'autre revers, un
troisième en ensemença le sommet ; et les querelles
et les combats recommencèrent. Ils s'entendirent

encore, et ils dirent : « Il appartiendra pendant un an à celui que nous allons nommer. » Ils furent tranquilles pendant cette année ; mais quand il fallut nommer un successeur, ils voulurent tous l'être, et ils se querellèrent et se battirent. Ils en nommèrent un pour deux ans ; mais, les deux ans expirés, les querelles et les combats recommencèrent. Ils en nommèrent un pour dix ans ; mais, après les dix ans, les mêmes inconvénients se présentèrent ; et celui qu'ils nommèrent pour jouir du côteau toute sa vie s'aperçut que le sol n'en était plus aussi fertile ; car ceux qui l'avaient possédé jusqu'à ce moment lui avaient fait rendre le plus fort produit possible, se souciant fort peu que leur successeur en trouvât la terre appauvrie et eût plus de peine à la cultiver, et lui agit comme ses prédécesseurs. A sa mort, les querelles furent plus longues et plus sanglantes qu'auparavant ; et enfin, fatigués de s'entr'égorger ainsi, ils décidèrent que le côteau appartiendrait à l'un d'eux, qui le transmettrait à l'un de ses enfants, et qu'ainsi il resterait dans sa famille ; car ils pensèrent avec raison qu'il valait mieux souffrir le privilège de cette famille, que continuer leurs querelles et leurs combats qui amèneraient infailliblement leur ruine et leur destruction.

Des hommes réunis en assemblée se disputaient un siége plus élevé que les autres, et ils dirent : « Mettons-y un soliveau, pour que personne n'y soit assis. » Mais l'un d'eux prit le soliveau, le jeta, et se mit dans le siége. On l'en chassa et l'on remit le soliveau ; mais un autre d'entre eux s'assit dessus, il en fût chassé comme le premier ; et l'on se décida à souffrir que l'un d'eux l'occupât, car il fallait que le siège fût occupé , et mieux valait qu'il le fût par quelqu'un capable de s'y maintenir et de diriger les délibérations , que par un inutile soliveau , qu'on pouvait jeter ou sur lequel on pouvait s'asseoir.

Le trône est ce côteau et ce siège ; il vaut mieux qu'il se transmette par l'hérédité que d'être un sujet de discorde et de guerre civile. Il vaut mieux qu'il soit occupé par quelqu'un qui le défende , que par un inutile soliveau. Les peuples pourraient trouver quelque chose de plus juste , mais qui entraînerait l'injustice et le désordre. Or, il vaut mieux une injustice qui produit l'ordre et la tranquillité, qu'une justice qui produit le désordre et la guerre civile ; il vaut mieux moins d'équité et plus de bonheur.

Il est au-dessus de vos têtes des mondes féconds et riants, où Dieu a mis des êtres bons, justes et sages ; et là chacun gouverne à son tour, parce que chacun sait commander et obéir. « S'il y avait un » peuple de dieux, il se gouvernerait démocratique- » ment (1). »

Mais vous, qui vous disputez la seconde place avec acharnement, vous qui vous irritez et apprenez à haïr, parce qu'il y a une seconde place à laquelle tout le monde peut aspirer, vous qui oubliez vos affections, vos sympathies, vos opinions, les devoirs et le cri de votre conscience, vous que l'ambition emporte au-delà des bornes de la prudence, vous qui secouez et

J.-J. Rousseau.

ébranlez l'état pour cette seconde place, que feriez vous si la première était vacante, et s'il vous était permis de la désirer, et d'employer les moyens qui sont en votre pouvoir pour y parvenir ?

« Ce n'est pas pour la famille régnante que l'or-
» dre de succession est établi, mais parce qu'il est
» de l'intérêt de l'État qu'il y ait une famille ré-
» gnante (1). »

Reconnaissez donc que les hommes ne peuvent supporter que le gouvernement monarchique cons- titutionnel, et apprenez les formes et les lois qui lui conviennent, et les principes qui doivent y régner, afin que vous puissiez acquérir la plus grande somme de chances de stabilité, de force, de liberté, d'égalité et de bonheur qu'il est donné aux hommes de pos- séder sur la terre.

(1) Montesquieu.

CHAPITRE VII.

De la vertu et de l'honneur.

La vertu et l'honneur sont les principes du gouvernement monarchique constitutionnel. Il les faut chez le monarque, chez les ministres, dans le sénat, dans la chambre des députés, chez les électeurs et dans tout le peuple ; car, avec la liberté que comporte ce gouvernement, l'ambition et l'audace qu'il autorise, l'intérêt particulier qu'il permet, s'il n'y avait ni vertu ni honneur, on serait bientôt en guerre civile, et l'on deviendrait la proie des puissances étrangères.

Dans une monarchie absolue, où il n'y a pas de publicité, où ce qui se passe au château est ignoré, où la crainte retient les sujets, le roi peut, sans grand danger sur la terre, négliger la vertu et l'honneur ; mais dans un gouvernement libre, il ne le pourrait pas impunément. Il tomberait dans le mépris public, et serait exposé à perdre la couronne, soit que sa dynastie fût remplacée par une autre, soit que le gouvernement devînt aristocratique ou démocratique. Le roi ne doit donc pas avoir de courtisans, parce qu'ils sont flatteurs, menteurs, perfides, égoïstes et ennemis de la vertu et de l'honneur, et il ne peut s'entourer que de personnes que le public estime et chérit. Alors il ne fera rien contre la vertu et l'honneur, et son trône sera inébranlable.

Il est également dangereux que les ministres manquent de vertu et d'honneur. Dans le premier cas, leur exemple corrompra toute la nation ; la religion et la morale seront méprisées ; les places seront données à ceux seulement qui pourront être utiles aux ministres, quoiqu'ils puissent être nuisibles à la nation, et des guerres injustes seront entreprises. Dans le second cas, les ministres, dépositaires du pouvoir exécutif, loin de s'en servir loyalement, l'emploieront contre le roi, le parlement et le peuple, et souffriront que le gouvernement soit livré au mépris des puissances étrangères, que la nation soit outragée par elles, et même que le territoire soit envahi et conquis, car peu importent toutes ces calamités au ministre qui est sans honneur. Un roi sage n'appellera donc jamais à la tête des affaires un homme sans vertu et sans honneur, quel que soit d'ailleurs son mérite ; car l'intelligence, l'instruction, les talents sont dangereux dans un être qui est impie, immoral et corrupteur, ou faux, parjure et lâche, et qui n'est guidé que par son intérêt mal entendu.

Si les sénateurs et les députés sont sans vertu et sans honneur, comment défendront-ils la nation contre les prétentions de la couronne, ou la royauté contre l'ambition d'un favori du peuple? Les sénateurs seront les vils flatteurs de la cour, et les députés deviendront les bas courtisans des électeurs. Les uns et les autres appuieront de leurs votes le ministre qui leur donnera des places et de l'argent, se souciant fort peu qu'il soit sans vertu et sans honneur, et ils voteront l'irreligion et l'immoralité du peuple, la honte et l'asservissement de la nation.

Des électeurs sans vertu et sans honneur passeront d'infâmes marchés avec les candidats à la députation. Ils enverront à la chambre des hommes méchants et méprisables, parce qu'ils en auront obtenu de l'argent ou des places, ou parce que ces députés se seront engagés à solliciter les ministres en faveur des électeurs, ou des fils, ou des neveux, ou des cousins des électeurs.

Si tout le peuple est sans vertu et sans honneur, c'en est fait de la nation; ce sera un odieux assemblage de débauchés, de fripons et de lâches, qui riront de la probité, de la liberté et du patriotisme, qui se laisseront asservir par un despote, et subjuguer par un peuple étranger.

CHAPITRE VII.

De la souveraineté.

Les flatteurs des rois et des nobles, ceux qui encensent les grands et les puissants, les riches et les courtisans des riches, disent que le peuple n'est pas souverain; mais leurs paroles menteuses ne trompent que ceux en faveur de qui elles sont prononcées; et le peuple, certain de ses droits, bien sûr qu'il ne doit d'obéissance qu'aux chefs qu'il s'est choisis, ou qu'il a permis de choisir à ceux qu'il a établis pour cela, méprise leurs vains discours, et garde dans son cœur la conviction de sa souveraineté. « Tout gouvernement légitime est fondé sur » un consentement des sujets (1). »

Voici ce que l'homme de Dieu, le sublime orateur,

_____

(1) Puffendorf.

disait à un roi : « Ce sont les peuples qui, par l'ordre
» de Dieu, ont fait les rois tout ce qu'ils sont. C'est
» le choix de la nation qui mit d'abord le sceptre
» entre les mains de vos ancêtres; c'est elle qui les
» éleva sur le bouclier militaire, et les proclama
» souverains. Le royaume devint ensuite l'héritage
» de leurs successeurs ; mais ils le durent originai-
» rement au consentement libre des sujets. Leur
» naissance seule les mit ensuite en possession du
» trône; mais ce furent les suffrages publics qui at-
» tachèrent d'abord ce droit et cette prérogative à
» leur naissance (1). »

Le peuple sait et ne veut pas oublier que, en
effet, il est seul la source de tout pouvoir, seul souverain ; et il prétend que dans l'état tout ne soit dé-
sormais que par lui et pour lui.

Il a appris du sage de la Grèce que, lorsque les
sociétés se formèrent, le peuple souverain choisit
des chefs pour exercer la souveraineté sur la nation, et, leur ayant confié son pouvoir, il les appela
souverains, et « les souverains et les sujets jurèrent,
» les premiers de ne point aggraver le joug du com-
» mandement dans l'avenir, les seconds de ne jamais
» rien entreprendre, ni de souffrir qu'on entreprît
» rien contre les droits de leurs souverains, tant
» qu'ils seraient fidèles à leurs promesses (2); » et
il a compris qu'il doit l'obéissance tant que le pacte
est fidèlement observé, mais qu'il ne la doit plus
lorsque le roi étend ses prérogatives au delà des

(1) Massillon.
(2) Platon.

limites convenues, et attaque les droits et privilèges de la nation.

« Mais si un prince, bien loin de faire vivre ses
» sujets heureux, veut les accabler et les détruire,
» le fondement de l'obéissance cesse ; rien ne les
» lie, rien ne les attache à lui ; et ils rentrent dans
» leur liberté naturelle (1). »

Le peuple sait donc qu'il est souverain ; que de lui émane tout pouvoir ; que l'autorité devant s'exercer sur lui, il est le plus intéressé à décider sous quelle forme et de quelle manière elle sera exercée ; que c'est à lui qu'il appartient de prononcer comment et par qui il doit être gouverné ; et que primitivement il a eu le droit de fonder une dynastie, de lui être fidèle tant qu'elle a été sage, prudente et modérée, et de la renverser quand sa folie l'a poussée à outrager les droits de la nation, et enfin d'en mettre une autre à sa place, à qui il doit obéissance tant que le pacte social sera respecté par elle, et qu'il peut bannir du moment qu'il ne le sera plus.

Ainsi ne dites pas : le peuple n'est pas souverain ; il n'a pas le droit de renverser une dynastie et de la remplacer par une autre ; si une telle révolution s'accomplit, la dynastie déchue garde ses droits légitimes au trône, et la dynastie régnante a commis le crime de félonie, et doit être déclarée déloyale et usurpatrice. Ne le dites pas, car vous parleriez contre la raison, la sagesse de Dieu et les droits des nations.

Ce sont les nobles, les riches, les grands et les

(1) Montesquieu

puissants, et leurs lâches flatteurs, et tous ceux qui
veulent dilapider la fortune publique, qui attaquent
la souveraineté du peuple, et veulent fonder l'absolutisme et la tyrannie, esclaves volontaires à condition qu'ils nagent dans l'abondance, et se vau-
trent dans les plaisirs aux dépens des deniers
publics ; car, comme le dit le philosophe qui a parlé
si éloquemment de la servitude volontaire, « les
» faveurs, les gains, les avantages qu'on a avec
» les tyrans, sont cause qu'il y a autant d'hommes
» à qui la tyrannie profite, que de ceux à qui la
» liberté serait agréable (1). » Mais malheur à eux !
car il faut penser, avec le même philosophe, que
« puisqu'il n'est rien de si contraire à Dieu bon et
» généreux, que la tyrannie, il réserve bien là-bas
» à part pour les tyrans et leurs complices quelque
» peine particulière (2). » Malheur à eux ! car celui
qui se mettra à rebâtir le despotisme, le fondera
sur son premier-né, et mettra ses portes sur le plus
jeune de ses enfants.

Mais la multitude entière est-elle souveraine, et
peut-elle exercer la souveraineté ? Non, sans doute,
parce que, dit l'apôtre : « cette populace qui n'entend
» point la loi est exécrable (3); « parce que, dit le
» philosophe de Stagyre, « on a exclu avec raison
» les ouvriers des fonctions publiques, qu'ils n'ont
» pu atteindre qu'au milieu des excès de la démo-

(1) La Boétie.
(2) Idem.
(3) Jean.

» cratie (1). » Non pas que j'entende positivement avec lui par l'état « cette masse d'hommes qui n'ont » pas besoin de travailler pour fournir aux néces- » sités de leur existence (2) ; » car il y en a beau- coup qui travaillent et qui ont droit de faire partie du peuple souverain ; mais je dis que les femmes, les jeunes gens, les prolétaires, les capacités, les gardes nationaux et les soldats, qui ne paient point le cens voulu par la loi, ne sont que citoyens et non pas citoyens souverains, et que la souveraineté n'appartient qu'à ceux qui paient un impôt détei- miné à l'état, et qui seuls ont le droit d'être élec- teurs.

(1) Aristote.

(2) Idem.

CHAPITRE IX.

Des femmes.

Mettez fin à votre orgueil, hommes de la terre, et cessez de croire que vous êtes supérieurs aux femmes, et que Dieu ne les a créées que pour être vos servantes et vos esclaves, un objet de plaisir pour vos sens, une distraction agréable pour votre âme.

Cessez d'élever si haut les grandes prétentions qui vous abusent, et de vous persuader que les femmes n'ont pas une intelligence aussi développée, une conception aussi prompte, un esprit aussi pénétrant, un génie aussi inventif que vous ; et apprenez que Dieu leur a donné une âme spirituelle, capable des plus grands efforts de l'imagination, digne de connaître le bien et le mal, et qui doit, comme la vôtre, monter un jour et se présenter devant le Seigneur, pour y être louée ou blâmée, récompensée ou punie, car leurs vertus sont vos vertus, et leurs vices sont aussi vos vices.

L'histoire et la tradition nous présentent une foule de femmes qui ont étonné la terre par leur sagesse, leur prudence, leur vertu, leur science, leur esprit et leur génie, et qui se sont élevées jusqu'à la politique, qui est la première, la plus importante et la plus difficile des sciences, puisqu'elle s'occupe du bonheur des humains. L'antiquité s'est honorée de femmes illustres dans tous les genres ; les siècles qui ont précédé le nôtre ont été étonnés par des femmes extraordinaires ; et notre siècle jusqu'à ce moment admire des femmes qu'un esprit supérieur met au-dessus des individus ordinaires de notre sexe, et de niveau avec nos hommes les plus admirables.

Cessons donc de prétendre sur elles un empire absolu, et reconnaissons qu'elles nous sont égales, et qu'elles doivent être libres comme nous.

Apprenez donc, hommes de la terre, que dans un état naissant où la population est peu nombreuse, il est juste, il est utile que les femmes soient appelées aux fonctions civiles, militaires et politiques, comme les hommes, et que c'est doubler sa force et son intelligence.

Mais, dans un état qui compte plusieurs siècles d'existence, où la population est très nombreuse, où la corruption est déjà forte et menaçante, où les concurrents aux emplois et même aux simples droits de citoyens politiques se pressent, se poussent, se heurtent, se brisent souvent et se détruisent mutuellement, où les partis se mêlent et se choquent, où les factions se querellent et se battent, où l'argent peut tout, et où l'homme peut tout ce que veut l'argent, où enfin la concurrence menace d'amener la dissolution, la ruine et la destruction, ce serait une faute très grave, une erreur impardonnable, un crime impolitique et anti-social, d'appeler les femmes aux mêmes droits et privilèges politiques que les hommes, aux fonctions publiques, aux charges de la société, puisque ce serait doubler la concurrence, et par conséquent les haines et les factions, et les causes de guerre civile et de destruction.

CHAPITRE X

Des jeunes gens.

Les jeunes gens, jusqu'à l'âge de vingt et un ans, ne peuvent pas être électeurs ; ils ignorent encore le juste et l'injuste, le bon et le mauvais, l'utile et le nuisible : comment pourraient-ils faire des choix avantageux à l'état ? leur raison n'est pas encore mûre : comment pourraient-ils donner des votes raisonnables ? Ils n'ont pas encore l'expérience des hommes : comment pourraient-ils résister aux mauvais conseils ?

Leur place est dans les écoles ; c'est là que des maîtres habiles, et surtout justes et sages, doivent leur enseigner, plus par leur exemple que par leurs préceptes, que la vertu est le premier devoir d'un homme, à quelque âge qu'il soit, dans quelque position qu'il soit.

On leur enseignera à adorer Dieu, à honorer leurs parents, à respecter les lois, à observer les bonnes mœurs ; car l'esprit humain, indocile et revêche, a besoin de tous ces liens, pour que la société se maintienne dans l'ordre et la tranquillité. « On a » raison de donner à l'esprit humain les barrières » les plus contraintes qu'on peut.... ; on le bride et » garotte de religions, de lois, de coutumes, de » sciences, de préceptes, de peines et de récompen- » ses mortelles et immortelles ; et cependant on le » voit échapper à ses liens par sa volubilité et dis- » solution (1). »

On leur enseignera les sciences, les talents, les beaux-arts, pour qu'ils mènent une vie occupée utilement et agréablement ; on doit leur enseigner la science des nombres, pour qu'ils sachent acqué- rir de la fortune et en régler l'emploi. Mais l'éduca- tion ne doit pas être dirigée de ce côté seulement. « L'éducation qui est dirigée vers les richesses, la » vigueur du corps, et quelque talent que ce soit, » où la sagesse et la justice n'entrent pour rien, » est basse et servile, ou plutôt elle est indigne de » porter ce nom (2). » Il faut surtout qu'ils ne fas- sent pas servir la science des nombres à des projets perfides et immoraux ; et il est indispensable qu'ils apprennent qu'elle est mauvaise, pernicieuse et odieuse, quand elle est un moyen de satisfaire la cupidité et l'avarice et tout autre sentiment bas, et quand, par elle, on trompe et l'on vole son prochain.

(1) Montaigne.
(2) Platon.

Il faut leur enseigner l'obéissance pour qu'ils sachent obéir, et le talent de commander, pour qu'ils sachent commander, s'ils sont plus tard appelés à le faire; et il faut qu'ils apprennent qu'il y a des chefs et des subordonnés, et qu'il y a une différence entre eux, et que les enfants doivent obéir à leurs parents, les élèves à leurs maîtres, et tous les citoyens aux magistrats.

Il faut leur enseigner à honorer leurs parents. « C'est la première, la plus grande, la plus indis-
» pensable de toutes les dettes (1). »

Il faut leur enseigner à respecter et honorer le premier magistrat de l'état, le roi, à qui le peuple a confié l'autorité, et à lui obéir, mais seulement en ce qui peut être utile à l'état, et surtout en ce qui n'en attaque pas les droits et privilèges; car notre grand philosophe a dit : « Si son gouverneur tient
» de mon humeur, il formera la volonté de son
» élève à être très loyal serviteur de son prince ;
» mais il lui refroidira l'envie de s'y attacher autre-
» ment que par un devoir public (2). »

Il faut leur enseigner à donner leur aide et leur secours à leurs parents, à leurs enfants, quand plus tard ils en auront, et à leurs concitoyens, sans bassesse et servilité, sans espoir de retour et de récompense, sans aucun but d'égoïsme. « Il est beau et
» méritoire de défendre ses parents, ses enfants ,
» ses amis et ses concitoyens. à la voix seule du
» devoir (3). »

(1) Platon.
(2) Montaigne.
(3) Sénèque.

Il faut leur enseigner à respecter les lois qui sont la sauve-garde des états, le lien souverain qui unit les individus de la même patrie, le pouvoir qui fait respecter ce qui appartient à chacun, le glaive qui frappe ceux qui violent leur devoir et portent atteinte au bonheur et au repos des individus et de la société.

Il faut leur enseigner à respecter les mœurs. « Tel pourrait n'offenser point les lois, qui n'en » mériterait point la louange d'homme de vertu, » et que la philosophie ferait très justement fouet-» ter (1). » En effet, les lois n'ont pas pu prévoir et prescrire tous les devoirs d'homme à homme, et il y en a bien plus à observer hors des lois que dans les lois ; et la morale que le législateur ne peut pas prescrire, doit être mise de bonne heure, et d'une manière solide et telle qu'elle ne puisse pas en être arrachée, dans le cœur des enfants, afin que, lorsqu'ils seront hommes, ils ne se croient pas permis tout ce qui est en dehors des lois, et qu'ils sachent qu'on peut même, et que cela est journalier, que cela arrive à toute heure et à tout moment dans notre siècle corrompu, être en même temps dans la légalité et bien loin de l'équité et de la morale.

Il faut leur enseigner à être libres. « La liberté est » naturelle ; et nous ne sommes pas seulement nés » pour la posséder, mais encore pour l'aimer et la » défendre (2). » Mais il ne faut pas qu'ils pensent que la liberté consiste à ne rien supporter, et que les enfants puissent offenser leurs parents, les élèves

(1) Montaigne.
(2) La Boétie.

leurs maîtres, les citoyens leurs magistrats; car ce sont là des crimes devant Dieu et devant les hommes, et ils doivent être punis par la justice du ciel et de la terre.

Il faut enfin que les parents secondent les maîtres et donnent de bons exemples et de bons préceptes à leurs enfants. « Je ne sache rien dont un homme » raisonnable doive être plus occupé que de son fils, » et de tout ce qui peut le rendre le meilleur pos- » sible (1). » Ils doivent leur donner une éducation vertueuse, et l'instruction que leur fortune leur per- met de leur donner; et un père, s'il le peut, doit faire voyager son fils, pour qu'il apprenne les lois, les usages, les idiomes des autres peuples, et recon- naisse qu'ils ne sont pas plus méchants que son peuple, et que les hommes de toute la terre se res- semblent et doivent par conséquent s'entr'aimer et s'entr'aider.

(1) Platon.

CHAPITRE XI.

Des prolétaires.

Les prolétaires ne peuvent pas être électeurs, parce qu'ils ont leur travail nécessaire à leur existence journalière, qui les empêche de rester aux assemblées électorales; qu'étant excessivement pauvres, puisqu'ils n'ont que leurs bras pour toute fortune, ils sont très facilement corruptibles, et qu'enfin ils sont trop ignorants pour connaître les choix utiles ou nuisibles à l'état.

« De toutes les maximes, la meilleure est celle qui » ordonne à l'ignorant d'obéir (1). » Si vous l'appelez à choisir ses représentants, ce sera lui qui commandera, et vous violerez la plus sage des maximes; et l'ignorance décidant, elle choisira des ignorants

____

(1) Platon.

4

pour vous gouverner et pour faire vos lois, et l'état tombera dans le désordre et la perturbation ; car que peuvent être les décisions d'une multitude ignorante ? « Les choses humaines ne vont pas si bien, que ce » qu'il y a de mieux plaise au plus grand nombre : » la preuve du pire, c'est la foule (1). »

En établissant le suffrage universel, vous détruirez la forme mixte des gouvernements monarchiques constitutionnels, et vous sacrifierez imprudemment les admirables garanties d'ordre et de stabilité qu'elle fournit à un état, et vous vous jetterez follement dans la démocratie, et vous ne tarderez pas à tomber dans la démagogie. Or, écoutez ce que dit le philosophe de Stagyre : « Pour le législateur et pour ceux » qui veulent fonder un gouvernement démocra- » tique, instituer ce gouvernement n'est ni la seule » ni la plus grande difficulté ; c'est de savoir le faire » vivre (2). »

Le peuple, maître des suffrages qui désignent les députés, voudrait devenir maître des suffrages qui nommeraient à tous les emplois ; car l'esprit humain n'est jamais satisfait de ce qu'il obtient ; et dès qu'on lui a permis de faire un pas, il veut en faire dix, et bientôt il franchit tout l'espace et arrive jusqu'à la borne où presque toujours il se brise. Le peuple voudrait faire ses lois, nommer tous les fonctionnaires civils et militaires, les membres de toutes les assemblées, et il oserait peut-être réclamer l'élection de

____

(1) Sénèque.
(2) Aristote.

celui qui occupe le trône ; et alors il ne règnerait que
désordre et anarchie. « Quand les emplois sont à l'élec-
» tion populaire et sans aucune condition de cens,
» les démagogues appliquent tous leurs soins et par-
» viennent bientôt à rendre le peuple souverain
» absolu même des lois. — Quant à la démagogie,
» où l'universalité des citoyens prend part au gou-
» vernement, tout état n'est pas fait pour la sup-
» porter et son existence est fort précaire (1). »

Parvenu à ce point de puissance, le peuple voudra établir l'égalité, et il la voudra entière, et il commettra l'injustice pour la fonder, et le danger sera
alors à son comble. « Il est dangereux de prétendre
» constituer dans toutes ses conséquences l'égalité
» réelle ou proportionnelle : les faits sont là pour le
» prouver (2). »

Et alors, comme nous l'avons vu, comme tous les
siècles l'ont vu, l'excès de la liberté amènera l'anarchie, et l'anarchie amènera la tyrannie, et sur le
despotisme du peuple viendra s'asseoir le despotisme
d'un homme méchant, ou orgueilleux, ou conquérant, ou même réunissant ces trois défauts : c'est le
cours ordinaire et général du torrent démagogique.
« La démocratie, par laquelle un peuple mutin se
» gouverne suivant son caprice, fraie le chemin à la
» tyrannie, des fléaux qui peuvent affliger un état le
» plus terrible (3). » Et alors, toute liberté disparaît,
et tout plie sous la volonté absolue et arbitraire de

(1) Aristote.

(2) Idem.

(3) Platon.

l'homme audacieux qui s'est emparé du gouvernement. « Il n'y a point d'autorité plus absolue que
» celle du prince qui succède à la république; car il
» se trouve avoir toute la puissance du peuple, qui
» n'avait pu se limiter lui-même (1). »

Laissez donc, imprudents, laissez les prolétaires
à leur travail; laissez-les à la culture de la terre;
laissez-les exercer leurs métiers, et ne les appelez
pas aux assemblées électorales où ils porteraient la
confusion.

Ne faut-il pas qu'ils travaillent pour vivre? Et comment vivront-ils les jours qu'ils auront passés aux
élections? Vous leur donnerez une indemnité, dites-
vous; mais lorsqu'ils auront vécu du prix de votre
indemnité, à regarder seulement, à écouter parler
et donner leurs votes, toutes choses très peu pénibles, ils ne voudront plus travailler; et vous, impru
dents, qui leur aurez fait connaître le bonheur de
vivre sans travail, vous serez obligés de vous priver
de votre superflu, et peut-être d'une partie de votre
nécessaire pour les nourrir; et peut-être, à leur tour,
ils voudront avoir le superflu, ils vous dépouilleront,
et ils vous forceront à travailler pour eux; et alors
ce qui était dessus sera dessous, et ce qui était dessous sera dessus, et vous serez victimes du boule
versement que provoque votre témérité.

Apprenez donc la sagesse avant de proposer des
lois. et assurez-vous du mieux avant de renverser
ce qui est bien. Enseignez aux prolétaires ces pa-

____

(1) Montesquieu.

roles du philosophe de Stagyre : « On a grand tort
» de préférer l'inaction au travail; car le bonheur
» n'est que dans l'activité, et les hommes sages ont
» toujours dans leurs actions des fins aussi nombreu-
» ses qu'honorables (1). » Donnez-leur du travail
et non pas des droits électoraux; et enseignez-leur
à être contents de leur humble condition; vous leur
rendrez un bien plus grand service; car le peuple
ne demande que du travail pour braver la faim et la
misère, et l'on est heureux quand on sait se contenter de ce qu'on a.

Dites cependant à ceux des prolétaires qui ont de
l'ambition, que certes ce n'est pas un mal, et encore
moins un crime; mais que ce n'est que par le travail et l'économie qu'on arrive au but de son ambition ; qu'ils emploient donc ces moyens; qu'ils
travaillent, économisent et s'instruisent pour acquérir; et que, lorsqu'ils auront acquis et qu'ils paieront le cens déterminé par la loi, vous les verrez
avec plaisir électeurs, et même députés; car la volonté de Dieu n'est pas que chacun soit forcé de rester dans l'abaissement, mais seulement qu'il ne prétende pas à la souveraineté pendant qu'il est dans
l'abaissement; et Dieu, d'accord avec les hommes
sages, aime l'émulation et le courage des petits et des
faibles, et il sourit aux efforts qu'ils font pour s'élever, et il les applaudit quand ils se sont élevés, car
il est nécessaire que les gouvernés puissent devenir
gouvernants, que les faibles puissent devenir forts,

____

(1) Aristote.

et que les petits puissent devenir grands. « Chacun
» doit avoir licitement la faculté de faire son sort le
» meilleur qu'il lui soit possible, sans usurper sur
» le droit d'autrui (1). »

(1) Quesnay.

CHAPITRE XII.

Des capacités.

Gardez-vous bien d'appeler aux élections les capacités qui ne possèdent pas, car leur influence est dangereuse et pernicieuse. Les hommes capables, qui ne possèdent pas, n'ayant aucun intérêt à la stabilité, ayant au contraire tout à gagner au changement, feront, s'ils sont électeurs, des choix qui puissent amener le changement, et peut-être le renversement qu'ils désirent; et la constitution et l'état courront de grands dangers, et pourront même succomber.

Mais ainsi ont dit les hommes sages de la terre : Les capacités ont le droit de posséder, et il est nécessaire qu'elles possèdent pour être appelées à prêter leur appui à l'état.

Faites donc que les hommes capables aient des

emplois, pour acquérir une propriété, et des hon-
neurs|, pour contenter leurs justes prétentions ; et
appelez les intelligents pour qu'ils vous aident de
leur intelligence, et les éclairés pour qu'ils vous aident de leurs lumières, et les inspirés pour qu'ils
vous aident de leurs inspirations.

« Les fonctions publiques doivent être confiées aux
plus capables (1). » Allez donc chercher les hommes
capables dans tous les lieux, dans toutes les conditions, et donnez-leur des emplois selon leurs capacités. « Il n'y a réellement justice, que si la répar-
» tition du pouvoir est en rapport avec le mérite
» particulier de chacun (2). »—« Les dispositions na-
» turelles de chacun doivent seules décider des fonc-
» tions qu'il exercera dans la vie civile (3). » La divine intelligence a dit dans les proverbes du roi
sage : « As-tu vu un homme habile dans son travail?
» il sera au service des rois, et non pas à celui de
» gens d'une condition obscure. »

Retirez donc les capacités de la misère et de l'hu-
miliation, et donnez-leur de l'aisance et de la dignité,
en distribuant les emplois d'une manière plus égale
et plus juste. Vous éviterez ainsi la ruine de l'état,
et vous lui donnerez de la force et de la stabilité.

Cessez donc de rebuter l'homme de mérite, parce
qu'il est pauvre et obscur ; car vous vous faites ainsi,
et vous faites à l'état un bien dangereux ennemi.
Accueillez-le avec empressement, s'il vous offre ses

(1) Aristote.
(2) Idem.
(3) Platon.

services ; et intéressez-le au maintien du gouvernement par une place honorable, qui le rende heureux
et content de son sort, et détruise en lui toute haine
et tout projet hostile.

Et ne dites pas que toutes les places sont prises,
car vous souleveriez l'indignation. Qu'importe
qu'elles soient prises ? Si elles sont entre des mains
indignes, elles n'en sont pas moins à votre disposition. Si elles sont entre les mains d'hommes riches
qui n'en ont pas besoin, si les ignorants les possèdent, s'il y en a un trop grand nombre sur la même
tête, si elles sont trop rétribuées, si elles sont entre
les mains des dilapidateurs, ne sont-elles pas à
votre disposition ?

Est-ce pour les riches seulement que la société a
été constituée ? Est-ce pour les riches qu'on a com-
battu plusieurs fois ? est-ce pour les riches que les
citoyens ont versé le sang des citoyens ? est-ce pour
les riches qu'on a abattu la noblesse ? Est-ce pour
fonder l'aristocratie de fortune, la pire de toutes,
qu'on a renversé l'aristocratie de naissance ? Pourquoi a-t-on fait la guerre aux nobles ? N'est-ce pas
parce que tous les droits et privilèges étaient pour
eux ? parce que tous les emplois, tous les honneurs,
tout l'argent de l'état, toute la sueur du peuple
étaient pour eux ? N'est-ce pas pour briser ces abus
que cette guerre fut entreprise ? et ne doit-on en
retirer d'autre fruit que de voir les riches abuser à
leur tour de ce dont abusaient les nobles ? Les riches
sont faits pour vivre dans l'oisiveté, ou du moins
pour remplir des places honorifiques et non pas lu-

cratives; et l'argent qu'ils reçoivent du gouvernement est un vol fait aux capacités qui ne possèdent
pas; et le gouvernement, sottement imprudent,
donne de l'argent aux riches, qui ne lui en ont aucune reconnaissance, parce que c'est seulement du
superflu ajouté au superflu, tandis qu'en le donnant aux capacités qui ne possèdent pas, il se ferait
des partisans de citoyens qui sont ses ennemis parce
qu'ils sont pauvres et humiliés.

L'ignorance dans les personnes puissantes est
dangereuse parce qu'elle éveille trop d'ambitions ;
car lorsqu'on apprend à connaître un ignorant qui
remplissait de hautes fonctions, on est forcé de se
dire : « Est-ce lui ? ne savait-il faire autre chose
» quand il était en place ? Les princes se conten-
» tent-ils de si peu ? Nous étions vraiment en bonnes
» mains (1). » Et il n'est pas de jeune audacieux qui
ne se dise comme le jeune homme ambitieux d'Athè-
« nes : Tous ceux qui se mêlent des affaires de l'état ne
» sont que des ignorants excepté un très petit nom-
» bre...... puisque sans avoir pris le soin de s'in-
» struire, ils ne laissent pas de se mêler du gouver-
» nement, qu'est-il besoin de s'exercer et de se don-
» ner tant de peine pour entrer en lice avec eux ?
» Je suis bien assuré qu'avec les seuls secours de la
» nature je les surpasserai (2). » Et alors tout le
monde se croit digne de remplir des fonctions publiques, de parvenir au pouvoir, et de gouverner la
nation, qui s'indigne d'être si mal gouvernée et de

(1) Montaigne.
(2) Platon.

voir qu'on ne fait rien pour son bonheur. Si, au contraire, les gens capables et habiles avaient les emplois et le pouvoir, on croirait plus difficile d'égaler
leur capacité, et leur habileté, et il y aurait moins
d'ambitieux, par conséquent plus de chances d'ordre,
et la nation serait plus contente, parce qu'elle verrait plus de chances de bonheur.

« On peut encore blâmer le cumul des emplois.
— « On ne peut nier que les emplois ne soient bien
» mieux remplis, quand la sollicitude du magis-
» trat est limitée au lieu de s'étendre à une foule
» d'objets divers (1). » — « Tout le monde convient
» qu'un homme trop occupé ne peut rien faire de
» bien (2). » Mais le mal consiste surtout en ce que
les places qu'un homme a de trop, et qui le font jouir
d'un grand superflu, pourraient fournir le nécessaire à deux hommes capables, s'il a deux places de
trop, et à trois hommes capables, s'il a trois places
de trop, et convertir deux ou trois mécontents, et
en faire des partisans zélés et des soutiens fermes et
solides de la constitution et de l'état.

Quand les places sont trop rétribuées, on vole encore les capacités qui ne possèdent pas ; car ce que
vous donnez de trop à un homme leur appartient
de droit, puisqu'elles en ont besoin, et que les revenus de l'état sont pour tous les besoins de l'état,
et non pas pour donner le superflu à quelques individus. Le gouvernement qui agit ainsi n'est pas bon
politique, car les largesses n'ont jamais fait des par-

(1) Aristote.
(2) Sénèque

tisans. « L'excès de la prospérité rend avide : ja-
» mais les désirs ne sont assez modérés pour cesser
» dès que le but est atteint (1). » — « L'immodérée
» largesse est un faible moyen pour acquérir la bien-
» veillance : elle fait plus d'ennemis que d'amis ; et
» si elle est employée sans respect du mérite, elle
» fait honte à celui qui la reçoit, et est reçue sans
» reconnaissance (2). »

Surveillez les dilapidateurs des deniers publics,
qui volent le peuple et les capacités ; car ce qui est
volé par eux pourrait payer des services réels.

Vous dites que vous ne pouvez pas faire que les
capacités possèdent ; et vous dépensez une grande
quantité de millions à des choses inutiles ! Et vous
vous entourez d'une grande quantité d'hommes inutiles ! Et vous ne voulez pas comprendre que c'est là
la plaie de l'état, que c'est là le mal qui le ronge, et
que de là viendra sa dissolution !

Les uns ont des places inventées pour eux, qu'aucun législateur n'avait pu prévoir, qui n'ont jamais
existé chez les autres nations, et qui sont des siné-
cures, parce qu'il serait impossible de leur déterminer un travail.

D'autres sont titulaires de places qu'ils font remplir par des suppléants, et sont payés d'un travail
qu'ils ne font jamais.

Des jeunes gens imberbes remplissent des fonctions dont ils sont incapables, et ils les remplissent
parce que ces fonctions ont été remplies par leurs

(1) Sénèque.
(2) Montaigne

pères, et leurs fils les rempliront à leur tour, comme si l'état avait passé avec eux et leur génération un bail qui ne doit jamais finir, comme si la fortune de l'état leur appartenait par substitution.

Des vieillards infirmes de corps et d'esprit s'acharnent encore à la curée de la fortune publique, et veulent encore des emplois quand la nature leur refuse la force d'en faire le travail. « Vous verrez » des vieillards qui se préparent de plus belle à » satisfaire leur ambition : quoi de plus honteux » qu'un vieillard qui commence à vivre! (1) » La tombe les réclame et ils pensent encore aux vanités de ce monde! Ils ont l'ambition de l'or et des honneurs quand ils ne devraient avoir que celle de se réconcilier avec Dieu, et de se faire pardonner les faux serments et les parjures de leur vie politique! Qu'ils soient membres d'un sénat ou d'un aréopage, où leur vieille expérience peut encore être consultée : c'est là leur place s'ils sont devenus vertueux, mais à condition qu'ils y donnent des conseils bienveillants et gratuits.

Il y a des familles dont le père, les fils, les gendres et les petits-fils, tous incapables, sont fonctionnaires publics, et reçoivent de l'état une somme d'argent extraordinaire qui entretient le luxe d'une seule famille, et qui pourrait faire vivre honorablement plus de cent citoyens.

Ceux-ci disposent des places et de l'argent de l'état pour eux, leur famille, leurs parents, leurs

____

(1) Sénèque.

amis et leurs connaissances, tous ou presque tous
incapables; et cependant « tout est perdu quand il
» faut faire la fortune des amis et des parents de
» tous ceux qui ont part au gouvernement (1). »
Mais que leur importe! ils savent bien que si tout
est perdu, ce n'est pas pour eux.

Et ceux-là peuvent vendre et transmettre le droit
scandaleux de déranger la fortune, le repos et le
bonheur des familles, et de semer la haine et la
discorde parmi leurs concitoyens; et leur superflu,
honteusement acquis, suffirait pour nourrir vingt
familles.

Vous voyez donc que vous pouvez faire que les
capacités possèdent; et vous devez le faire, parce
que si vous ne leur donnez pas, elles prendront; et
ce ne sera peut-être pas sans violence et sans effusion de sang : et c'est pour cela que j'ai dit qu'il ne
faut pas appeler aux élections les capacités qui ne
possèdent pas.

(1) Montesquieu.

CHAPITRE XIII.

Des gens armés.

N'introduisez pas les gens armés, civils ou militaires, gardes nationaux ou soldats, dans les assemblées électorales pour y donner leurs suffrages ; car s'ils veulent faire des choix nuisibles à l'état, vous ne pourrez pas les en empêcher, parce que, étant armés, ils seront plus forts que vous, et ils vous feront peur, ou ils vous battront, ou peut-être ils vous tueront ; et leur volonté prévaudra et ils seront maîtres du gouvernement, et l'état leur appartiendra, et ils s'empareront du pouvoir, et vous conduiront militairement, c'est-à-dire despotiquement ; car le gouvernement militaire est toujours despotique, et par conséquent oppresseur et le plus lourd à supporter.

Interrogez l'histoire des temps anciens et modernes, et soyez sûrs qu'elle vous répondra que, partout où les hommes armés ont pu se mêler du gouvernement, ils ont exercé le pouvoir avec colère et folie, et ont amené, par leurs caprices, leurs mutineries, leurs émeutes et leurs insurrections, les changements les plus nuisibles et l'anarchie la plus détestable.

Dans tous les états, chez toutes les nations, les gens armés doivent seulement obéir, sans se mêler de la souveraineté, parce que leur influence n'amène jamais que désordre et confusion, et que, étant armés, ils peuvent tout sans qu'on ose leur résister. « Les citoyens armés sont toujours les maî- » tres de maintenir ou de renverser le gouverne- » ment (1). » Et dans les gouvernements monarchiques constitutionnels, il sont utiles pour maintenir l'ordre, mais ils sont dangereux quand ils ont de l'influence au pouvoir, comme l'a parfaitement prévu notre grand légiste : « Là on regarderait les hom- » mes de guerre comme des gens d'un métier qui » peut être utile et souvent dangereux (2). »

Rappelez-vous les gardes prétoriennes, les janissaires, les sectionnaires, et reconnaissez qu'il faut craindre les citoyens qui ont des armes, et qu'il ne faut les employer qu'à obéir et non pas à commander ; et tremblez si vous leur donnez le droit de suffrage ; car s'ils veulent faire une révolution, votre seule ressource est d'opposer les soldats aux citoyens armés, ou les citoyens armés aux soldats ; mais s'ils

(1) Aristote.
(2) Montesquieu.

se réunissent, tout est perdu, et la révolution doit
avoir son cours inévitable, et vous n'avez plus qu'à
courber la tête et prendre le joug.

Ne laissez donc jamais régner la force armée ; car
elle est méchante et brutale, et sa colère est plus dangereuse que le vent des tempêtes, et son passage
est plus redoutable que celui du torrent débordé :
« Il n'appartient qu'à la raison de régner ; à la rai-
» son, légitime souveraine, guide éclairée ; et la co-
» lère, passion aveugle, doit toujours être à ses com-
» mandements : l'une est le sénat et l'autre l'armée.
» Le sénat et l'armée bien ensemble contiendront le
» peuple dans le devoir (1). »

Mais si la garde nationale et l'armée sont convo-
quées pour donner leur décision sur les affaires de
l'état, loin d'obéir, elles voudront commander ; et
la force étant pour elles, le peuple, les magistrats,
les législateurs et le roi seront contraints à l'obéissance, et la raison sera soumise à la force brutale,
qui décidera de tout avec insolence et folie.

Mais, dites-vous, nous ne voulons leur accorder
que le droit de nommer des législateurs. Imprudents!
Interrogez les chefs des armées et demandez-leur
s'ils peuvent retenir les soldats quand ils sont em-
portés par la joie de la prise d'une ville. S'il leur
est permis de tuer ceux qu'ils trouvent armés dans
la place, ils prétendent qu'il leur soit permis de tuer
tous les citoyens paisibles et inoffensifs, les femmes,
les enfants et les vieillards, et de se livrer au pillage
et à tous les excès qui se commettent dans une cité

____

(1) Platon.

prise d'assaut. Quand les gens armés auront nommé
les législateurs, ils voudront nommer les magistrats,
faire et défaire des rois, créer et abroger des lois,
briser la constitution et reconstruire les fondements
de la société.

Laissez donc les citoyens armés défendre l'ordre
public et la liberté, et les soldats combattre les
étrangers et veiller à ce qu'aucun ennemi n'entre
sur le territoire ; et ne les appelez pas aux élections,
car, lorsqu'ils y seront, si le peuple se mutine et
s'insurge, qui le vaincra et le ramènera à l'ordre ?
Si la ville est attaquée, qui la défendra ? Si le châ
teau est assailli, qui gardera le roi ? Si les lieux des
assemblées législatives sont menacés, qui conjurera
l'orage ? Si les ennemis violent le territoire, qui les
en chassera ? Si les citoyens armés et les soldats s'u
nissent pour s'emparer du gouvernement, quel sera
votre soutien et qui donc vous défendra d'eux ?

S'ils vous demandent donc comme les gens de
guerre demandèrent à Christ : et nous que ferons-
nous ? répondez-leur comme il leur répondit : n'u-
sez point de violence ni de tromperie envers personne ; mais contentez-vous de votre solde. Ce sont
là les paroles de Christ, et c'est ce que vous répon-
drez aux soldats ; mais vous direz aux citoyens armés qui ne reçoivent pas de solde : contentez-vous
de maintenir le bon ordre.

CHAPITRE XIV.

Du cens.

Le cens doit seul donner le droit de suffrage parce que seul il est accessible à tout le monde, chacun pouvant acquérir une propriété ou une industrie payant impôt, l'ignorant comme le savant, l'imbécile comme l'intelligent, le plébéien comme le patricien, le savetier comme l'avocat, et que nul citoyen ne peut se plaindre d'un droit auquel la nature et la loi lui permettent d'atteindre, et parce que c'est le meilleur moyen de conserver la valeur des propriétés, et d'encourager l'agriculture et l'industrie.

Ainsi, je dis aux jeunes gens : lorsque vous serez d'un âge plus raisonnable, et que vous hériterez de vos pères, ou que vous acquerrez vous-mêmes une propriété, vous paierez l'impôt et vous serez électeurs.

Ainsi, je dis aux prolétaires : le travail et l'économie vous rendront propriétaires, et vous paierez l'impôt, et vous serez électeurs. Ainsi, je dis aux hommes appelés capacités : puisque vous êtes capables, vous devez acquérir, et alors vous paierez l'impôt et vous serez électeurs. Ainsi, je dis aux hommes armés : un jour viendra, si vous être sages et laborieux, que vous paierez l'impôt, et vous serez électeurs. Et je dis à tous : soyez justes et sages, travaillez et économisez, et n'ayez ni crainte ni impatience, car bientôt vous jouirez du plus beau droit de citoyen, puisque c'est le droit de la souveraineté, parce que vous serez censitaires et par conséquent électeurs.

Je dis à ceux qui voudraient garder pour eux seuls, privilégiés et en petit nombre, le droit de suffrage, comme à ceux qui voudraient l'étendre sur l'universalité des citoyens, qu'ils sont également impolitiques et imprudents. « Parce que les uns et les autres » ont une certaine portion du droit, ils croient pou- » voir s'arroger un droit absolu : d'une part, supé- » rieurs en un point, en richesse, ils se croient » supérieurs en tout ; d'autre part, égaux en un » point, en liberté, ils se croient absolument égaux : » on oublie des deux côtés l'objet capital (1). »

En effet, l'objet capital est le bonheur et le maintien de la société ; et il ne peut y avoir ni bonheur ni maintien là où le droit n'est exercé que par quelques-uns et pour quelques-uns, pas plus que là où il est exercé par la multitude aveugle, barbare et

(1) Aristote.

imprudente; et il y aura stabilité et bonheur dans
l'état qui ne sera pas gouverné par l'un de ces excès, mais où la classe moyenne jouira tout entière
du droit de suffrage, et sera par conséquent souveraine et seule arbitre de ce qui est bon et utile à la
nation.

« Si l'on admet que la modération et le milieu en
» toutes choses sont préférables, il s'ensuit évidem-
» ment qu'en fait de fortunes, la moyenne propriété
» est la plus convenable de toutes. Elle sait, en
» effet, se plier aux ordres de la raison qu'on écoute
» si difficilement, quand on jouit de quelque avan-
» tage supérieur en force, en naissance, en ri-
» chesse, ou quand on souffre de quelque inferio-
» rité excessive de pauvreté, de faiblesse et d'obs-
» curité. — Il est évident que l'association politique
» est surtout assurée par les citoyens de fortune
» moyenne : les états les mieux administrés sont
» ceux où la classe moyenne est plus nombreuse
» et plus puissante que les deux autres réunies,
» ou du moins que chacune d'elles séparément (1). »
Je vous dirai plus tard comment on peut rendre
la plus nombreuse la classe qui possède la moyenne
fortune. Ce que j'ai à vous dire maintenant, c'est
que ce sont les citoyens qui composent cette classe
qui doivent être électeurs, et par conséquent souverains et maîtres de l'état; c'est que c'est là qu'est
la force et la puissance; là, plus de vertu et d'honneur; là, plus d'intelligence et de lumières; là, plus

(1) Aristote.

de sciences et de talents ; là, plus d'esprit et de génie ; là, plus de gloire et de patriotisme, et là , par
conséquent, le droit de commander.

Les plus grands législateurs de l'antiquité étaient
de cette classe, et c'est d'elle que sont sortis les
plus grands hommes en tous les genres, tant aux
époques anciennes qu'à l'époque présente.

Il faut donc que tous les membres de cette classe
soient électeurs, et que le cens déterminé par la loi
leur donne ce droit, car il leur appartient naturellement, et il y a injustice dans un état, toutes les
fois qu'ils en sont privés.

Dans un état bien gouverné, la classe moyenne est
la plus nombreuse, mais il s'en faut bien qu'il en soit
ainsi dans nos sociétés, où il y a quelques riches,
un nombre peu considérable d'aisés, et beaucoup de
pauvres.

Il est donc impossible que le cens puisse appeler
aux élections plus de la moitié de la nation, comme le
voudrait le philosophe de Stagyre, qui a dit : « Quant
au cens, il n'est guère possible d'en déterminer
la quotité d'une manière absolue; mais il faut lui
donner la base la plus large qu'il puisse recevoir,
pour que le nombre des gouvernants dépasse celui des gouvernés (1). » C'est bon pour une société naissante, où l'inégalité des fortunes se fait à
peine sentir et dont les membres sont peu nombreux ; mais quand la population s'élève à plusieurs millions d'hommes composés de quelques ri

(1) Aristote

ches et d'une multitude de pauvres, donner la souveraineté à la moitié de la nation, ce serait la donner
aux pauvres, intéressés aux changements, qui vio-
leraient la propriété s'ils étaient maîtres de le faire,
et commettraient l'injustice, la violence et le crime.
D'ailleurs, le philosophe grec parle des sociétés à
esclaves, où les métiers étaient exercés par des esclaves, et il n'est question dans ce qu'il dit ici que
des hommes libres, parmi lesquels il n'y avait pas
d'ouvriers.

Il ne faut donc pas, chez les grandes nations, que
le cens soit assez faible pour donner le droit de voter aux élections à la moitié de la nation, pas même
au quart ; parce que telle est l'inégalité des fortunes
chez les peuples modernes, que le quart le moins
pauvre de la nation contient encore au moins autant
de pauvres que de riches.

Voici donc comment vous devez déterminer le
cens. Dans la société la plus corrompue, il n'y a aucun danger à ce qu'il y ait un électeur sur cent citoyens : il serait, au contraire, dangereux qu'il n'y
eût qu'un électeur sur plus de cent citoyens, parce
que ce serait fonder une odieuse aristocratie. Un
peuple libre, qui a de bonnes institutions, se régénère
et devient plus sage et plus juste : il peut alors avoir
un électeur sur soixante-quinze citoyens. En jouis-
sant de la liberté, il s'y habitue, et devient capable
de supporter plus d'égalité : il peut alors avoir un
électeur sur cinquante citoyens. La liberté et l'égalité, dont il a joui pendant quelques années, le mû-
rissent encore : il peut alors avoir un électeur sur

vingt-cinq citoyens. Puis progressivement, et après quelques années, il peut avoir un électeur sur cinq citoyens, parce que les fortunes se sont nivelées, l'industrie a fait de grands progrès, le commerce a diminué les pauvres, et la richesse est devenue plus générale. Le droit de suffrage ne doit pas s'étendre plus loin chez un peuple qui a plus de cinq millions de citoyens, car s'il était donné à un plus grand nombre d'hommes, trop de pauvres en jouiraient, et le gouvernement ne serait bientôt qu'une démocratie où régneraient l'ignorance et l'injustice.

Peuples corrompus! ayez un électeur sur cent citoyens, et apprenez à pratiquer la sagesse, pour avoir un électeur sur cinq citoyens. Je dis à ceux qui craignent que ce nombre d'électeurs soit trop grand : soyez sans crainte et sans inquiétude, car la somme de vertu, d'honneur, de patriotisme, d'industrie et de talents de ce nombre d'électeurs de fortune moyenne sera plus forte que celle d'un petit nombre d'électeurs riches : « On observe » généralement que l'état moyen est, dans la so- » ciété, le plus favorable à la vertu, à l'industrie et » aux talents de tous genres (1). » Et je dis à ceux qui veulent que le nombre des électeurs soit plus grand : c'est souvent la paresse, la prodigalité, l'ignorance et tous les autres vices qui font les pauvres, et l'extrême pauvreté est souvent le fruit mérité de l'extrême méchanceté. Si vous appelez les pauvres aux élections, vous mettrez l'état entre les

(1) Malthus.

mains de citoyens vicieux, qui vendront l'état comme ils ont vendu leur patrimoine ou leur probité.

Peuples, qui avez plus de cinq millions de citoyens, n'ayez pas pour électeurs les riches seulement ou l'universalité des citoyens; mais ayez les riches et la classe moyenne; et devenez riches et sages, afin d'avoir un électeur sur cinq citoyens.

CHAPITRE XV.

Des députés ou représentants de la nation.

Le cens doit seul donner le droit d'être député
comme d'être électeur; mais ce ne sont pas les grandes
fortunes qui font les hommes justes et les législateurs
sages et habiles, et il faut appeler aux assemblées des
représentants de la nation, les hommes de fortune
ordinaire, tout aussi bien que les riches, pourvu cependant qu'ils soient assez aisés pour n'être pas corruptibles, et n'être pas tentés par le démon de la misère qui déracine les opinions les plus solides, et fait
plier les consciences les plus fortes.

« Il a toujours passé pour sage, le vieux précepte
» *rien de trop*, et en vérité il est plein de sens (1). »
Ne faites donc pas entrer dans la chambre des députés, ni trop d'avocats, parce qu'ils convertiraient tout

____

(1) Platon

le territoire en prétoire, et tous les citoyens en plai-
deurs ; ni trop de médecins, parce qu'ils voudraient
détruire la croyance de la spiritualité et de l'immortalité de l'âme, croyance qui est très utile à la nation ;
ni trop de banquiers, parce qu'on dit avec raison :
« posons pour certain qu'il y a des menteurs en fait
» de nombres et de calcul (1) ; ni trop de négociants,
parce que habitués à faire de tout trafic et marchandise, ils trafiqueraient de leur conscience, et ven-
draient leur patrie ; ni trop d'armateurs, parce qu'ils
emploieraient tout le budget aux intérêts de la marine
marchande ; ni trop de militaires, parce qu'ils feraient
des casernes de tous les édifices, un vaste camp de
tout le territoire, et porteraient injustement la guerre
chez les peuples voisins ; ni trop de savants, parce
qu'ils convertiraient le lieu des assemblées législatives en académie, et calculeraient et mesureraient
la misère du peuple longtemps avant de la soulager ;
ni trop de poètes, parce que leurs images et leurs fi-
gures, qui ne cherchent qu'à plaire aux passions
humaines, corrompent et n'instruisent pas ; ni trop
de journalistes, parce qu'ils mettraient la presse au-
dessus des pouvoirs et du peuple ; ni trop de profes-
seurs, parce qu'ils traiteraient les hommes comme
des enfants, et les citoyens comme des écoliers ; ni
trop de prêtres, parce qu'ils mettraient l'autel sur le
trône, et leur droit au-dessus des lois ; ni trop d'or-
fèvres, parce qu'ils proposeraient de dépenser les
deniers publics en bijoux pour la couronne ; et enfin,

(1) Platon

n'y appelez que quelques hommes de chaque art et
métier et profession, pour qu'on puisse les consulter
et s'aider de leur expérience dans leur art et métier
et profession, lorsqu'il en sera question.

Mais il faut élire surtout des propriétaires, parce
que les propriétaires sont toujours les meilleurs et
les plus utiles citoyens, parce que l'agriculture est le
premier de tous les arts et le plus profitable à l'état ;
parce que les propriétaires sont ceux que corrompt
le moins le contact des autres hommes, et que c'est
parmi eux que règnent surtout la vertu, la modération et le désir de l'ordre. Ce sont les propriétaires
du sol qui s'intéressent le plus au sol de la patrie :
si la guerre civile a lieu, ce sont leurs moissons et
leurs maisons qui en souffrent ; ils ont donc intérêt à
l'empêcher : si l'étranger envahit le territoire, ce sont
leurs propriétés qui fournissent les champs de bataille ; et si le pays est conquis, ils sont forcés de
subir le joug et les autres conséquences de la conquête, tandis que les capitalistes et les hommes
d'arts et métiers emportent leur argent et leur industrie, et sont partout libres et indépendants. Les propriétaires du sol sont donc par intérêt amis de la paix
intérieure et les plus fermes défenseurs de la patrie
contre l'étranger ; ils le sont aussi par vertu : ils sont
donc les plus dignes et les plus utiles représentants
de la nation.

Soyez prudents pour le choix de vos députés.

Ne vous laissez pas éblouir par les grands talents
et la vaste sagesse dont quelques hommes font parade : les qualités que le vulgaire appelle talents et

« sagesse ne font que des tyrans dans le gouverne-
« ment politique (1). »

Ne vous laissez pas séduire par les orateurs qui
vous flattent ; car leurs paroles sont menteuses, et
ils ne vous élèvent que pour vous dominer. « S'il y
» a deux manières de parler au peuple, l'une des
» deux est une flatterie et une menée honteuse, et
» l'autre est honnête ; j'entends celle qui travaille
» à rendre meilleures les âmes des citoyens, et qui
» s'applique en toute rencontre à dire ce qui est le
» plus avantageux, que cela doive être agréable ou
» fâcheux aux auditeurs (2). »

N'applaudissez pas aux railleries de ceux qui
cherchent à vous montrer leur esprit, car ce n'est
pas là le mérite du législateur. « Tous ceux qui sont
» accoutumés aux railleries n'ont jamais eu la
» moindre gravité dans les mœurs, ou du moins
» ont perdu la plupart des sentiments qui caracté-
» risent une grande âme (3). »

Mettez l'orateur utile bien au-dessus de l'orateur
brillant, car le philosophe de Rome a dit des orateurs : « Que leurs paroles ne plaisent pas, mais
» soient utiles. Si cependant ils peuvent être élo-
» quents sans recherche, sans apprêt et sans beau-
» coup de peine, qu'ils le soient, et qu'ils fassent
» entendre de très beaux discours ; mais qu'ils soient
» toujours tels qu'ils montrent plutôt les bonnes

(1) Platon.

(2) Idem.

(3) Idem

» choses que leur talent (1) ; » et notre grand phi
» losophe a dit : « Fi de l'éloquence qui laisse envie
» de soi, non des choses (2) ! »

Gardez-vous bien d'envoyer à la chambre des hommes sans opinion, qui se rangent toujours du côté du plus fort et de celui qui a le pouvoir, l'applaudissant dans tous ses excès et louant sa tyrannie et sa méchanceté ; hommes qu'on voit toujours prêts à courber le dos et à tendre la main.

Gardez-vous bien d'y envoyer des peureux qui souffrent les abus du pouvoir, n'osent s'opposer au mal lorsqu'il fait des progrès, permettent qu'on tonde, qu'on musèle, qu'on déchire et qu'on tue le peuple, et font aussi bon marché de la tête d'un roi, quand elle leur est demandée par des démagogues furieux.

Gardez-vous bien d'y envoyer des avares, car l'appât de l'or leur fera sanctionner toutes les mesures mauvaises et désastreuses.

Gardez-vous bien d'y envoyer des ambitieux, car ils trouveront mauvais tout ce que fera le gouvernement, ils entraveront sa marche, ils élèveront des discussions et des dissensions, ils exciteront des factions, ils formeront des coalitions, ils se diront seuls capables, seuls habiles à conduire le char de l'état, seuls assez forts et influents pour opérer des transactions, apaiser les querelles, et créer la prospérité et le bonheur ; et vous ne recevrez d'eux

(1) Sénèque.
(2) Montaigne.

que le désordre, la guerre civile et la guerre étrangère, et tous les fléaux des discordes et des guerres.

Gardez vous bien d'y envoyer des égoïstes qui disent : *après nous le déluge*; car ils ne s'occuperont pas de l'éducation des enfants, et cependant « on » ne peut nier que l'éducation doive être un des » objets principaux des soins du législateur (1); » ils ne voudront pas faire le bien en détruisant les abus, parce qu'ils craindront de faire des mécontents et de se créer des embarras qui troubleraient leurs digestions et leurs plaisirs, et ils refuseront de combler le gouffre des discordes et des querelles, et ils laisseront plus ouvert et plus large l'abime des révolutions, qui, après eux, attirera et engloutira leur postérité, et ils auront à rendre compte devant Dieu de leur crime d'infanticide.

Mais envoyez-y des orateurs justes et disposés à faire le bien. « C'est une nécessité que l'orateur soit » juste, et que l'homme juste veuille faire des ac- » tions justes (2). »

Mais envoyez-y des hommes modérés : « l'esprit » de modération doit être celui du législateur (3). »

Mais envoyez-y des hommes qui veuillent faire le bonheur de la nation et la rendre plus vertueuse. « Le législateur ne songera qu'à donner à tous les » membres de l'association la part de vertu et de » bonheur qui leur doit appartenir (4). »

(1) Aristote.
(2) Platon.
(3) Montesquieu
(4) Aristote.

Mais envoyez y des hommes qui non seulement soient vertueux, mais qui aient encore l'énergie de la vertu. Il ne suffit pas de ne pas faire le mal, il faut encore l'empêcher. Quand de mauvais projets se manifestent, il faut les détourner ; quand des conspirations se trament contre l'état, il faut les déjouer, et quand l'état est attaqué par des discours, il faut le défendre par des discours, et quand il est attaqué par les armes, il faut le défendre par les armes : alors seulement on mérite le nom de bon citoyen.

Voilà ceux que vous devez choisir pour législateurs ; et c'est là le moyen de fonder la prospérité, la puissance et le bonheur de la nation.

CHAPITRE XVI.

De la puissance exécutive.

La puissance exécutive doit être exercée par le roi et ses ministres, conjointement et non pas séparément.

Ainsi ils se trompent étrangement ceux qui disent : *le roi règne et gouverne*, et ceux qui disent : *le roi règne et ne gouverne pas*.

Les flatteurs qui veulent étendre le pouvoir royal lui rendent un fort mauvais service, et ils sont bien coupables ; car notre grand légiste dit avec sagesse : « S'il est vrai (ce qu'on a vu dans tous les temps) » qu'à mesure que le pouvoir du monarque devient » immense, sa sûreté diminue ; corrompre ce pou- » voir jusqu'à le faire changer de nature, n'est-ce » pas un crime de lèse-majesté contre lui (1) ? »

(1) Montesquieu.

Ils veulent que le roi règne et gouverne ; mais s'il est inhabile ou méchant, n'est-ce pas le peuple qui en subira les conséquences ? Il faut donc établir d'une manière inattaquable que le roi inhabile ou méchant ne gouvernera pas.

Imprudents ! ils veulent étendre le pouvoir du trône, et ils le compromettent. « La royauté se main-
» tient par la modération ; moins ses attributions
» souveraines sont étendues, plus elle a de chances
» de durée dans toute son intégrité. Le roi songe
» moins alors à se faire despote ; il respecte plus
» dans tous ses actes l'égalité commune, et ses su-
» jets sont de leur côté moins enclins à lui porter
» envie (1). »

Même dans le cas que le roi serait habile et juste, et que ses intentions seraient pures et loyales, s'il n'était pas approuvé dans ses volontés par la nation qui comprendrait autrement son intérêt, faudrait-il l'engager à la heurter et à provoquer une révolution par sa malheureuse prétention de gouverner ? Et si l'un de ses ministres avait l'assentiment de la nation, tandis qu'un autre ne l'aurait pas, ne conviendrait-il pas qu'il se rappelât et qu'il mît en pratique les pa-roles de notre grand légiste, qui a sagement prévu que dans les gouvernements monarchiques consti-tutionnels, « le monarque, contre les maximes or-
» dinaires de la prudence, serait souvent obligé de
» donner sa confiance à ceux qui l'auraient le plus
» choqué, et de disgracier ceux qui l'auraient le

____

(1) Aristote.

» mieux servi, faisant par nécessité ce que les autres
» princes font par choix (1). »

Que les flatteurs et courtisans cessent donc de
soutenir qu'il faut que le roi règne et gouverne,
parce que c'est agir comme ses plus dangereux ennemis, et c'est être en même temps de mauvais citoyens, puisque c'est donner au roi des prétentions
dangereuses, et au peuple des craintes irritantes; et
qu'ils laissent le roi gouverner d'accord, et en prenant le consentement de ses ministres responsables
que la constitution lui a donnés pour conseillers et
non pas pour commis.

Les ambitieux, les flatteurs du peuple, les tyrans,
ceux enfin qui veulent que le roi règne et ne gouverne pas, ces hommes-là, quels qu'ils soient, quel
que soit leur projet, quels que soient leur motif et
leur but, sont aussi bien nuisibles et bien coupables; car ils attaquent un droit qui est le soutien et
la sauve-garde de la constitution et de l'état.

Il n'y a qu'un despote qui abandonne le gouvernement à un visir ou à ses ministres, pour vivre
dans l'oisiveté et la volupté, se souciant peu que
ses ministres oppriment et fassent gémir le peuple,
dont il ne voit pas la misère, et dont il n'entend pas
les plaintes du fond de son sérail ou de tout autre
lieu où il se livre aux plaisirs et à la débauche.
Mais le chef d'une nation libre doit s'occuper du
gouvernement, parce qu'il a été élu, mis sur le
trône et couronné pour être utile à la nation, et non

(1) Montesquieu.

pas pour être un vain objet de parade, un soliveau d'une ridicule inutilité.

« S'il se rencontre un mortel supérieur par son
» mérite et ses facultés toutes-puissantes, qui le
» portent sans cesse au bien, c'est celui-là qu'il
» convient de prendre pour guide ; c'est à celui-là
» qu'il est juste d'obéir (1). » Oserait-on dire le contraire? et voudrait-on prétendre que s'il y a sur le trône un pareil roi, la nation doit se priver de ses lumières, de son habileté et de son mérite, et refuser le bien qu'il veut lui faire? Pouvons-nous croire raisonnablement que cette résolution serait sage, et que, sous l'absurde prétexte que le roi ne doit pas gouverner, le peuple ferait bien de lui désobéir, même pour les choses ordonnées pour le bien et le bonheur général? et ne devons-nous pas être accusés d'avoir une raison irréfléchie et bien peu profonde, si nous nous laissons conduire par des ministres pervers, sous le prétexte qu'ils sont responsables, et précipiter dans l'abîme d'où leurs têtes ne nous retireraient pas?

Ne sait-on pas que lorsqu'une révolution arrive on observe peu les lois de la constitution? Et l'on peut prévoir facilement tel cas où le ministre responsable serait comblé de gloire et le roi inviolable courrait de grands dangers. L'histoire, la tradition et l'exil sont pleins d'exemples de la responsabilité des rois.

Le dernier des citoyens a le droit de proposer des

____

(1) Aristote.

fois, et l'on voudrait le refuser au roi, le premier
des citoyens et le chef de l'état!

Je dis donc aux rois : ne consentez jamais à ne
pas gouverner et à abandonner le pouvoir à un ministre. Rappelez-vous le dernier roi fainéant et son
maire du palais. Le ministre perfide qui aura dit
qu'il faut que le roi règne et ne gouverne pas de-
mandera plus tard, non plus au vicaire de Christ,
qui ne se mêle plus des affaires temporelles de la
terre, mais à la nation, si ce n'est pas celui qui
gouverne qui doit régner; et la nation lui répondra :
évidemment. Et alors il lui dira : ordonne donc que
je sois roi, et fais-moi asseoir sur le trône, pour
que je gouverne et règne en même temps, et règne
et gouverne comme c'est naturel.

Et je dis aux nations : lorsqu'un roi gouverne
sagement, avec bonté et justice, et qu'il est habile,
laissez-le gouverner; mais s'il est fou, méchant, injuste ou inhabile, opposez-vous à ce qu'il gouverne;
et si le roi et ses ministres sont justes, bons et habiles, il faut que le roi s'aide de la justice, de la
bonté et de l'habileté des ministres, et que les ministres s'aident de la justice, de la bonté et de l'habileté du roi. C'est ainsi que dans tous les temps et
dans toutes les circonstances vous serez bien gou-
vernées, et par conséquent libres et heureuses.

CHAPITRE XVII.

Du roi.

Le roi, c'est le bouclier où viennent s'émousser les traits de l'ambition ; c'est le toit protecteur qui offre un abri contre la pluie des factions rivales ; c'est la baguette enchantée qui conjure l'orage des discordes civiles ; c'est le paratonnerre qui garantit de la foudre l'édifice social.

Aussi est-il grand et utile le roi qui sait être bon et juste, et qui aime son peuple et cherche à le rendre heureux. Elle est digne de nos hommages cette royauté qui n'est qu'un patriarcat.

Récompensons par notre amour et notre dévoûment le roi qui porte avec justice le poids de la couronne, et pardonnons-lui les fautes qu'il pourrait commettre. « Le plus âpre et difficile métier du » monde, à mon gré, c'est faire dignement le roi.

» J'excuse plus de leurs fautes qu'on ne fait com-
» munément, en considération de l'horrible poids
» de leur charge qui m'étonne (1). »

Qu'il soit seul grand parmi des citoyens égaux ;
qu'il s'élève au-dessus de nous comme un arbre robuste au-dessus d'arbrisseaux de même hauteur ;
qu'il soit seul couronné parmi ses concitoyens sans
couronnes.

Prêtres, allez au devant du roi quand il entre
dans vos temples ; répandez vos bénédictions sur sa
tête ; appelez sur lui la protection du Tout-Puissant,
et priez pour la conservation de ses jours ; car c'est
lui qui soutient la religion.

Riches, employez vos richesses à le servir, à lui
faire des amis et à détruire ses ennemis ; car c'est
lui qui garde vos fortunes.

Propriétaires, semez vos champs en son nom,
cueillez vos moissons en chantant sa gloire, plantez
vos vignes en priant pour lui, mangez vos fruits en
faisant des vœux pour lui, buvez votre vin en son
honneur ; car c'est lui qui conserve vos propriétés.

Négociants, faites vos marchés en son nom ; achetez et vendez en le prenant à témoin de vos achats
et de vos ventes ; promettez d'être fidèles dans vos
affaires comme vous lui êtes fidèles, pavoisez vos
navires au jour de sa fête, car c'est lui qui protège
le commerce.

Artistes, représentez son image avec amour, met-
tez-la dans vos ateliers, et travaillez en la contem-

____

(1) Montaigne.

plant avec dévoûment, car c'est lui qui encourage les arts.

Savants, ne l'oubliez pas dans vos travaux, vos recherches, vos inventions, vos écrits glorieux ; car c'est lui qui étend le domaine des sciences.

Soldats, rangez-vous en bataille et combattez en l'invoquant après votre Dieu, et en jurant de vaincre ou de mourir pour lui ; car c'est lui qui maintient la discipline et par conséquent la force de l'armée.

Peuple, travaille pour lui, prie pour lui, chante pour lui, danse pour lui ; car c'est lui qui te fait vivre en liberté.

En effet, s'il n'y avait point de roi, les ambitions rivales se disputeraient la première place, les factions naîtraient, la guerre civile commencerait, le sang coulerait, on s'entr'égorgerait, et l'état serait dans l'anarchie la plus complète ; et alors plus de religion, plus de respect pour les propriétés, plus de commerce, plus d'arts, plus de sciences, plus de subordination dans les armées et plus de liberté.

Que le roi soit donc inviolable et sacré, puisqu'il est si utile ; qu'il soit respecté et honoré, puisqu'il est la barrière qui arrête les démons de la discorde et de l'anarchie ; qu'il soit aimé, puisqu'il est le rempart qui nous défend des vexations et des exactions qui marchent à la suite de la guerre civile.

Que le plus audacieux s'incline et rougisse devant lui, et ne craigne pas de dire, en parlant du roi, ce que le plus orgueilleux des Grecs disait du plus sage des hommes : « Pour lui seul dans le monde j'ai
» éprouvé ce dont on ne me croirait guère capable,

» de la honte en présence d'un autre homme; car,
» en effet, il est le seul devant qui je rougisse (1). »

Aimez, respectez, honorez le roi et faites des vœux
pour qu'un roi règne continuellement sur vous, car
il vous est utile, nécessaire, indispensable.

Mais placez devant lui l'image du laboureur qui
contemple avec effroi les ossements des soldats
morts dans les batailles et l'image de l'esclave ré-
volté, afin qu'il n'oublie jamais qu'il est sur le trône
pour maintenir la paix du monde et conserver la
liberté de son peuple.

(1) Platon.

CHAPITRE XVIII.

Les ministres ne doivent pas être pris parmi les membres du pouvoir législatif, parce que les mêmes personnes ne doivent pas avoir part aux deux pouvoirs, comme le pense avec raison notre grand légiste.

Tant qu'ils seront pris dans les membres des assemblées législatives, ces assemblées seront le rendez-vous de tous les ambitieux, et l'arène où ils viendront se disputer le pouvoir exécutif, et le lieu des délibérations législatives sera troublé par leurs prétentions, leurs querelles et leurs discordes rivales, qui s'y heurteront et menaceront de briser la constitution dans leur choc redoutable, de déchirer les institutions de l'état, et pourront même l'ébranler

jusqu'en ses fondements, et le bouleverser et le détruire à jamais.

Tant que les députés pourront être ministres, il
se présentera aux électeurs des hommes qui ne seront pas guidés par l'amour de la patrie et du bien
public, mais qui seront poussés par les désirs de la
fortune et du pouvoir, qui les emporteront au-delà
des limites de la justice et des devoirs de l'équité.

Leur orgueil effréné ne respectera ni le cri de leur
conscience, ni les engagements pris solennellement,
ni les opinions hautement avouées ; et, parjures à
leurs serments et à leurs promesses, ils oublieront
tout pour ne penser qu'à leur but ambitieux.

Leur vanité égoïste n'occupera les séances que
d'eux et de leurs rivalités ; et les discussions des lois
et les intérêts généraux de la patrie seront abandonnés pour les discussions de leurs droits au mi-
nistère et de leurs intérêts particuliers.

Ils se feront un parti pour qu'il leur donne le pouvoir ; et ils prendront le pouvoir pour satisfaire leur
arrogante vanité et leur insatiable cupidité.

Des camps opposés s'établiront ; les partis se dé-
fieront ; les combattants se heurteront ; et le lieu des
séances législatives ne sera qu'un champ de bataille
où la constitution recevra presque toutes les bles-
sures, où les lois seront déchirées, et d'où sortira
peut-être l'émeute, et l'insurrection, et la mort de
l'état.

Offrez donc aux choix des rois, des hommes qui ne
soient pas membres des chambres législatives, et

qui soient appelés par leur mérite et ne s'imposent
pas audacieusement par leur ambition.

Jetez vos regards sur ceux qui mettent en pratique
ces maximes : « Quiconque veut devenir un grand
» homme ne doit pas s'aimer lui-même et ce qui
» tient à lui; il ne doit aimer que le bien, soit en
» lui-même, soit dans les autres. Un homme rempli
» d'estime et d'attachement pour la vertu, n'accep-
» tera le maniement d'un état ni par ambition, ni
» par avarice; il rougirait de se proposer l'argent
» pour but, parce qu'il n'est point de ceux qui ne
» peuvent faire le bien sans l'aiguillon d'un intérêt
» sordide; encore moins s'enrichira-t-il des dépouil-
» les du peuple, parce qu'il veut être quelque chose
» de meilleur qu'un brigand public (1). »

Demandez pour ministres des hommes bons, libres
et honorables : « Ou l'on est bon, ou l'on n'est pas
» grand : ces deux qualités sont inséparables (2). »
« Le principe de la monarchie se corrompt, lorsque
» les premières dignités sont les marques de la pre-
» mière servitude. — Il se corrompt encore plus
» lorsque l'honneur a été mis en contradiction avec
» les honneurs, et qu'on peut être à la fois couvert
» d'infâmie et de dignités (3). »

Demandez pour ministres, des amis sincères du
peuple : « L'ami sincère du peuple cherchera à pré-
» venir pour la foule, l'excès de la misère , et il

(1) Platon.
(2) Sénèque.
(3) Montesquieu.

» mettra tous ses soins à rendre l'aisance perma-
» nente (1). »

Et ne vous contentez pas de la vertu, demandez
aussi qu'ils soient habiles : « Le magistrat digne du
» commandement qu'il exerce est à la fois vertueux
» et habile; car l'habileté n'est pas moins néces-
» saire que la vertu à l'homme d'état (2). »

Ne demandez pas pour ministres, à moins qu'ils
n'aient prouvé qu'ils sont justes et capables d'être
doux envers leurs subordonnés, et de sentir de la
pitié pour les malheureux, des riches, des fils de riches, des grands, des fils de grands, et des fils de
puissants, nés riches, l'ayant toujours été, et n'ayant
jamais connu l'adversité; car le philosophe de Rome
leur parle ainsi : « Jamais, dans votre vie, vous
» n'avez connu l'adversité; on ne peut pas savoir
» de quoi vous êtes capables (3). » Et notre grand
légiste dit : « Il n'y a que la médiocrité et le mé-
» lange de la bonne et de la mauvaise fortune qui
» donnent de la douceur et de la pitié (4). »

Ne demandez pas qu'on rappelle au pouvoir un
ministre qui n'a rien fait pour rendre les citoyens
plus justes. « Ne fallait-il pas que d'injustes qu'ils
» étaient ils devinssent plus justes sous sa conduite,
» s'il eût été réellement bon politique (5)? »

(1) Aristote.
(2) Idem.
(3) Sénèque.
(4) Montesquieu.
(5) Platon.

Il faut étendre le cercle où l'on désigne les ministres, et chercher des hommes justes et habiles, libres et indépendants, sages et prudents, généreux et loyaux, en tous les lieux et dans toutes les conditions, et ce sont ceux-là qu'il faut choisir, et qu'il faut prier de gouverner.

CHAPITRE XIX.

Du sénat.

J'ai entendu des imprudents, guidés par le démon du changement et de la destruction, prétendre follement qu'il faut abolir le sénat, parce qu'il est inutile, qu'il ne sert pas au rouage du gouvernement, qu'il n'est qu'une roue insignifiante au char de la constitution et qu'une voile sans vent au vaisseau de l'état, et je dis à ces âmes imprévoyantes que ce qui est inutile peut devenir utile, que le ressort qui ne sert pas maintenant à la marche du gouvernement peut seul un jour le faire marcher, que cette roue insignifiante au char de la constitution peut un jour le retirer de l'ornière où peut-être il s'embourbera, et que cette voile sans vent peut s'enfler, devenir la voile de salut au jour de la tempête, et conduire sain et sauf dans le port le vaisseau de l'état.

Qu'on interroge le passé, et qu'on se demande si le sénat n'a jamais rendu des services, si, lorsque les tribuns vendus laissaient honteusement pencher l'édifice social, et permettaient au despotisme d'en creuser les fondements pour en arracher la liberté, il n'est pas venu le soutenir, il ne s'est pas opposé aux tentatives criminelles de l'absolutisme, et n'a pas sauvé la liberté ; et s'il est vrai qu'on lui doive de si grands bienfaits, qu'on s'accuse d'ingratitude et qu'on lui rende les hommages de respect et de reconnaissance qui lui sont dus.

Qui peut répondre de l'avenir? Qui sait si les tribuns seront toujours fidèles à la liberté? Qui peut affirmer qu'ils ne se jetteront pas dans les excès de la démagogie ou du despotisme ; et qui peut répondre que le sénat ne vienne pas défendre la liberté, et nous sauver des excès de la démagogie ou du despotisme ?

Ses membres sont pairs entre eux, pairs de l'aristocratie et pairs du peuple : ils sont donc l'anneau central de la chaîne sociale, une partie essentielle de la société, un viscère indispensable à l'existence de l'état : il faut donc bien se garder de les supprimer, parce que ce serait rompre la chaîne sociale, priver la société d'une partie essentielle, et provoquer la mort de l'état.

Mais même en un temps est-il vrai qu'un sénat bien composé et bien organisé puisse être inutile? Non sans doute : s'il n'est pas une partie active de l'état, il peut toujours et dans tous les temps en être une partie morale et respectable.

C'est dans le sénat qu'on doit enseigner les devoirs de citoyen, de parent et d'homme, et les obligations que nous imposent la société, la famille et l'humanité.

C'est dans le lieu des assemblées du sénat qu'il faut apprendre ce qu'on doit à la patrie ; comment nos fortunes, nos talents, notre sang lui appartiennent ; comment nous devons tout sacrifier pour y maintenir la concorde, le bon ordre, la tranquillité et la liberté; et comment il faut la défendre de ses ennemis intérieurs et extérieurs : et c'est le sénat, devenu cour souveraine, aréopage imposant, qui doit punir les factieux et les traîtres, et tous ceux qui sèment la discorde, ourdissent des complots, rassemblent des conjurés, lèvent l'étendard de la révolte, soulèvent l'émeute et l'insurrection, se déclarent ennemis des lois fondamentales de l'état, combattent contre lui, passent dans les rangs des ennemis extérieurs, et livrent la patrie à l'étranger.

Mais il faut que ce soit un aréopage auguste et sacré, dont les membres vénérables inspirent l'admiration et l'amour des citoyens ; et non pas une assemblée dont les membres puissent-être méprisés ou haïs : « *is ordo vitio vacato, cæteris specimen esto* (1). »

Il faut surtout que les sénateurs, ayant dompté les passions qui égarent les hommes, bien persuadés que l'argent et le pouvoir ne font pas le bonheur, revenus entièrement de tout désir ambitieux, ne demandent et n'aient le droit d'obtenir aucune nou-

(1) Cicéron.

velle place, aucun nouvel honneur, aucune nouvelle pension du gouvernement ; et que, libres de tout engagement envers les hommes et les choses de tous les partis, ils délibèrent, votent et jugent sans haine, sans intérêt, sans passion, et ne se proposent d'autre but que celui de la prospérité et du bonheur de l'état.

Le sénat est un pouvoir placé entre le roi et la chambre des députés, entre l'hérédité et l'élection ; il faut donc qu'il soit formé par l'hérédité et par l'élection ; mais il ne peut pas, il ne doit pas l'être immédiatement ; car, dans le premier cas, ce serait fonder le ridicule privilège de la naissance, et dans le second cas, le peuple serait représenté deux fois. Il convient donc que les sénateurs soient nommés par le roi, qui est le pouvoir héréditaire, et viennent de la chambre des députés qui est le pouvoir électif ; ce qu'on établirait en décidant que tout député qui aurait été membre de deux législatures, ou plutôt de dix sessions, ne pourrait plus faire partie de la chambre élective et serait sénateur de droit.

CHAPITRE XX.

Des divers pouvoirs de l'état.

« On peut dire avec raison qu'il y a deux espèces
» de constitutions politiques mères, d'où naissent
» toutes les autres; l'une est la monarchie et l'autre
» la démocratie. Or, il est absolument nécessaire
» qu'un gouvernement tienne de l'une et de l'autre,
» si l'on veut que la liberté, les lumières et la con-
» corde y règnent; et je dis qu'un état où ces trois
» choses ne se rencontrent point ne saurait être bien
» policé (1). »

Mais il ne suffit pas que l'état tienne de la monarchie et de la démocratie, il faut encore qu'il tienne
de l'une et de l'autre dans des proportions qui éta-
blissent un équilibre parfait entre les deux plateaux

(1) Platon.

de la balance, et il faut un fléau pour soutenir les deux plateaux, c'est-à-dire une aristocratie qui tienne également de la monarchie et de la démocratie, et qui, placée entre elles deux, les empêche de se choquer et de se briser.

Mais il ne suffit pas que ces trois formes de gouvernement, mêlées ensemble, fassent des lois et veillent à leur exécution; il faut encore que ceux qui sont chargés de faire les lois et ceux qui sont chargés de les faire exécuter ne soient pas confondus, et que le pouvoir législatif soit distinct du pouvoir exécutif.

« Lorsque dans la même personne ou dans le » même corps de magistrature la puissance législa- » tive est réunie à la puissance exécutrice, il n'y a » point de liberté, parce qu'on peut craindre que le » même monarque ou le même sénat ne fasse des » lois tyranniques pour les exécuter tyrannique- » ment. — Tout serait perdu, si le même corps des » principaux, ou des nobles ou du peuple exerçait » ces trois pouvoirs : celui de faire des lois, celui » d'exécuter les résolutions publiques, et celui de » juger les crimes ou les différents des particuliers. » — Si la puissance exécutrice était confiée à un cer- » tain nombre de personnes tirées du corps légis- » latif il n'y aurait plus de liberté, parce que les » deux puissances seraient unies, les mêmes per- » sonnes ayant quelquefois et pouvant toujours » avoir part à l'une et à l'autre (1). »

—————

1 Montesquieu

Il faut donc s'opposer à ce que le roi et les ministres, chargés du pouvoir exécutif, s'emparent
aussi du pouvoir législatif. « On ne peut certaine-
» ment trop s'armer de précaution contre des per-
» sonnes aux mains de qui la nécessité contraint de
» mettre toutes les forces de l'état (1). »

Il faut donc s'opposer à ce que le roi étende ses
prérogatives, acquière une plus grande autorité et
s'empare d'un pouvoir tyrannique contre lequel tout
citoyen ne serait pas à l'abri. « Si le roi n'a qu'une
» partie de l'autorité souveraine, et si le peuple ou
» le sénat a l'autre partie, on pourra justement s'op-
» poser par la force au prince, s'il veut usurper la
» partie qui ne lui appartient pas, parce que son au-
» torité ne va pas jusque-là (2). »

Il faut donc s'opposer à ce que les ministres fassent partie du parlement, car ils pourront voter en
faveur de leurs propres lois et se trouveront ainsi
juges et parties, et leur vote aux assemblées législatives pourra faire passer quelquefois une loi désap-
prouvée par ces assemblées, et contraire aux intérêts de la nation.

Il faut donc s'opposer à ce que le pouvoir législatif empiète sur les prérogatives royales, s'empare
du pouvoir exécutif et fasse tout dans son sein; car
il serait alors une convention dont le pouvoir absolu
n'aurait aucun frein, et qui serait le tyran de la nation, et serait elle-même tyrannisée par la majorité

(1) Platon
(2) Grotius

ou opprimée par une minorité audacieuse qui gouvernerait par la terreur l'assemblée et la nation.

Priez donc les membres des deux pouvoirs de ne pas avoir des prétentions exagérées, de ne pas sortir des limites fixées par la constitution, et de ne pas ébranler l'état par leurs dissensions. « Les révo» lutions n'arrivent dans un état que par les dissen » sions qui s'élèvent entre les possesseurs de la sou» veraine puissance (1). »

Un roi et un parlement se disputèrent le pouvoir : le parlement s'empara de la puissance exécutive et nomma les fonctionnaires civils et militaires; une guerre civile atroce ensanglanta tout le royaume; le roi fut vaincu et condamné à mort par le parlement; la chambre des communes abolit la chambre des pairs et gouverna despotiquement; mais un homme s'était montré qui, à l'aide de l'armée, avait acquis une grande influence; et cet homme vint au parlement avec des soldats, en chassa tous les membres en les accablant d'ironiques injures, et il devint protecteur, c'est-à-dire maître absolu de l'état.

Des représentants du peuple abolirent toutes les prérogatives royales, détruisirent l'aristocratie, livrèrent le roi à la mort, et régnèrent par la terreur; mais le plus artificieux et le plus cruel d'entre eux les fit périr successivement jusqu'à ce qu'il périt lui-même immolé par ceux qu'il menaçait encore; l'état passa de révolution en révolution; et enfin un guerrier entra dans l'assemblée avec des soldats.

(1) Platon

en chassa tous les membres, et devint consul, puis empereur, et maitre absolu de l'empire.

Rois, parlements, que ces exemples vous instruisent. Telle a été et telle sera toujours l'issue inévitable des querelles des rois et des parlements : le roi succombe ordinairement aux efforts réunis des deux chambres; après la mort ou l'exil du roi, la chambre des représentants abolit la chambre des pairs; elle gouverne tyranniquement ; mais l'armée s'élève au-dessus de la chambre, et un soldat heureux prend violemment les rènes de l'état, brise toutes les libertés et gouverne despotiquement, punissant ainsi la folie des rois et des parlements qui se sont disputé la puissance au lieu d'en jouir ensemble d'une manière égale, juste et loyale.

Prenez garde qu'une chambre législative s'élève au-dessus du roi et de l'autre chambre législative; qu'elle s'arroge le droit de faire et d'abroger seule les lois, de donner et d'enlever la présidence du conseil des ministres, ne laissant au roi et à l'autre chambre législative que la sanction de ce que seule elle aurait décidé; car vous auriez alors le gouvernement personnel, le gouvernement tyrannique du favori de cette chambre, et vous n'auriez plus de liberté. Toutes les places, tout le budget, toute la sueur du peuple seraient pour cet homme, pour les parents et les amis de cet homme, pour les membres de cette chambre, pour les parents et les amis des membres de cette chambre.

Établissez donc et maintenez tous les pouvoirs

de manière que, opposés les uns aux autres, ils se
soutiennent mutuellement. « Notre société est par-
» faitement semblable à une voûte, qui tomberait si
» elle n'était soutenue par des appuis opposés (1). »

(1) Sénèque.

CHAPITRE XXI.

De la presse.

La liberté de la presse est une excellente chose ;
elle est même bonne lorsqu'elle insulte les grands
et les puissants ; elle les empêche d'avoir trop d'orgueil et les force à regarder le peuple qu'ils ne sont
que trop portés à mépriser : ce sont les huées des
triomphateurs de Rome. Dans ce siècle de corruption, qu'est-ce qui pourrait arrêter la cupidité, la
méchanceté des gouvernants, s'ils n'avaient pas à
craindre les journaux, censeurs quotidiens, qui ré-
vèlent, blâment et châtient par leurs paroles les actes
mauvais et les abus du pouvoir.

Cette liberté ne peut pas être absolue, pas plus que
la liberté de parler : ainsi la calomnie sera défendue à la presse. Il est des choses que tout le monde
est obligé de respecter : ainsi la presse ne pourra

rien dire contre Dieu, l'immortalité de l'âme, le roi
et les bonnes mœurs. Tout le reste lui sera abandonné, hommes et choses, princes, ministres, sénateurs, députés, fonctionnaires, paroles et actions.
Elle pourra même attaquer la constitution, qui devra être reconnue mauvaise et qu'il faudra changer,
si elle ne peut pas résister aux attaques de la presse.

Dans un gouvernement monarchique constitutionnel bien stable, où il y aurait réellement vertu
et honneur chez les gouvernants et les gouvernés,
on pourrait publier presque toutes ses pensées par
la presse. « Comme, pour jouir de la liberté, il faut
» que chacun puisse dire ce qu'il pense; et que, pour
» la conserver, il faut encore que chacun puisse
» dire ce qu'il pense, un citoyen, dans cet état,
» dirait et écrirait tout ce que les lois ne lui ont pas
» défendu expressément de dire ou d'écrire (1). »
Le droit d'approbation ou de blâme appartient à
la presse comme à tous les citoyens. « Quoique les
» hommes réunis en sociétés politiques aient rési-
» gné entre les mains du public la disposition de
» toutes leurs forces, de sorte qu'ils ne peuvent pas
» les employer contre aucun de leurs concitoyens
» au-delà de ce qui est permis par la loi du pays,
» ils retiennent pourtant toujours la puissance de
» trouver bonnes ou mauvaises, d'approuver ou
» de désapprouver les actions de ceux avec qui ils
» vivent et entretiennent quelque liaison (2). »

(1) Montesquieu.

(2) Locke.

Il s'en faut de beaucoup que les gouvernants n'aient pas besoin de conseils, et la presse est la voie la plus naturelle et la plus commode pour leur en donner, et les approuver, s'ils suivent les bons conseils, et les dénoncer au peuple, s'ils ne les suivent pas : c'est un droit et un devoir reconnus dans tous les temps aux citoyens. « Il faut occuper avec
» les magistrats, ses soins, son activité et sa pré-
» voyance au bien public, s'ils ont de bonnes inten-
» tions, en leur indiquant ce qu'on croit bon et
» honorable ; mais s'ils ne veulent pas suivre nos
» conseils par timidité ou méchanceté, nous devons
» le déclarer publiquement, et non pas nous rendre
» complices de l'indifférence des gouvernants pour
» le bien public, sous prétexte qu'il n'appartient
» qu'au gouvernement de s'occuper des affaires pu-
» bliques, car la loi générale donne l'initiative du
» gouvernement à celui qui fait ce qui est juste, et
» connaît ce qui est utile (1). »

La presse est cet utile tribunal qu'on désirait autrefois, où l'on fait comparaître les actes des gouvernants, pour les juger, et les récompenser, s'ils le méritent, et approuver ou blâmer les récompenses qu'ils ont déjà reçues. « Quoi de plus utile que la
» discussion sévère du mérite de ceux qu'on élève
» aux dignités ? Pourquoi chaque nation n'aurait-
» elle pas un tribunal, qui, par un examen profond
» et public, s'assurât de la réalité des talents qu'elle
» récompense (2) ? »

(1) Plutarque
(2) Helvetius

C'est au jugement impartial de la presse, si elle était l'écho fidèle du cri public, qu'on devrait de bons ministres. Ceux qui seraient déjà ministres, craindraient d'être renversés par la presse, et tâcheraient de mériter ses éloges, en devenant capables s'ils ne l'étaient pas : « Dans les pays où le cri public peut » déposer les ministres, les grands talents leur sont » nécessaires : ils en acquièrent (1). » Et ceux qui voudraient le devenir s'attacheraient à avoir du mérite, afin d'être désignés par la presse au choix du roi et à l'assentiment du parlement.

Ce pouvoir de critiquer, d'approuver ou de blâmer, de flatter ou de railler les actes du pouvoir, rend le peuple très indulgent et tolérant, et lui fait supporter bien des abus, et même sa souffrance et sa misère. « Les écrits satiriques peuvent amuser la » malignité générale, consoler les mécontents, di- » minuer l'envie contre les places, donner au peuple » la patience de souffrir, et le faire rire de ses souf- » frances (2). » — « Laisser à un peuple la liberté » de se plaindre, et d'exhaler sa mauvaise humeur » (pourvu toutefois que ces plaintes ne soient pas » poussées jusqu'à l'insolence et la menace), est » encore un soulagement salutaire (3). » — « Les » sages magistrats laissent parler le peuple, pour- » vu que le peuple les laisse faire (4). »

Gardez donc précieusement la liberté de la presse.

(1) Helvétius.
(2) Montesquieu.
(3) Bacon.
(4) Leibnitz.

et ne vous la laissez ravir sous aucun prétexte. « Si
» la plupart des hommes connaissent bien le prix
» de la liberté corporelle, et ne souffrent pas qu'on
» les enchaîne, l'esclavage de l'esprit est certaine-
» ment un plus grand mal, et ils ne doivent rien
» oublier pour s'en garantir (1). »

Le gouvernement devrait avoir un journal, qui
aurait un comité d'hommes impartiaux, sages et
prudents, justes et bienveillants, qui recevrait tous
les articles présentés, vînssent-ils du dernier homme
du peuple, et les insèrerait dans le journal, après
les avoir reconnus bien écrits et bien pensés, bons
et utiles : des talents restent souvent dans l'obscurité, parce que les circonstances nécessaires pour les
en retirer leur ont manqué. Dans ces temps pénibles
où l'on a un si grand besoin de talents et d'hommes
de mérite, on doit les prendre partout où on les
trouve, et ne rien négliger pour les découvrir et
les reconnaître.

Une presse impartiale rendrait d'importants services. Produire les talents et le mérite, désigner les
hommes qui peuvent être utiles, les pousser au pouvoir, leur donner de bons conseils, les soutenir,
s'ils se conduisent bien, les attaquer, et les renverser,
s'ils se conduisent mal, prêcher l'intérêt général,
demander la réforme des abus, chercher et proposer
des améliorations, s'occuper enfin de la prospérité
et du bonheur de la société ; voilà la mission de la
presse.

(1) Locke

Si, au contraire, la presse n'a ni délicatesse, ni bonne foi, ni impartialité ; si elle reçoit des subventions du gouvernement, ou se vend aux partis de l'opposition ; si elle est injuste dans ses jugements ; si elle se laisse entraîner par l'envie, la haine, la colère, et toutes les mauvaises passions ; si elle ne s'occupe enfin que de son intérêt particulier ; loin d'être utile elle sera nuisible.

Je dis donc aux écrivains de la presse : soyez justes et impartiaux, et ayez en vue l'intérêt général de la société, afin de mériter l'estime et la reconnaissance de toute la nation.

CHAPITRE XXII.

Aux gouvernants, gouvernés, riches et pauvres.

Écoutez, gouvernants, gouvernés, riches et pauvres, écoutez ! et que mes paroles ne se perdent pas
dans l'air comme un vain son, mais qu'elles entrent
profondément en vous, car elles prêchent l'union
et la concorde.

Écoutez gouvernants ! c'est à vous que je parle :

Cessez de vous laisser conduire par l'orgueil et
l'intérêt, et d'humilier le peuple, et de vous enrichir de ses dépouilles, et apprenez au contraire par
quels moyens vous devez acquérir sa bienveillance
et faire sa félicité.

Cessez de vous énorgueillir du haut rang où vous
êtes placés, et du pouvoir que vous exercez sur le
peuple. Qui vous répond de l'avenir ? Qui peut vous
assurer que le pouvoir sera longtemps entre vos

mains ? Pensez-vous que vous ne puissiez pas être arrêtés dans votre course, être renversés, et servir de pont à ceux qui vous suivent, et qui vous précèderont, et vous laisseront en arrière dans la foule que vous méprisez, et parmi les inférieurs que vous dédaignez ? Veuillez donc regarder vos gouvernés, et « vivez avec vos inférieurs comme vous voudriez » que vos supérieurs vécussent avec vous (1). »

Voyez ce peuple misérable livré aux excès du malheur, parce qu'il arrive à l'excès de la corruption, et que, ayant perdu ses croyances et ses mœurs, il n'a plus rien qui le console de sa misère, plus rien qui le soutienne dans son malheur. C'est là ce qui doit occuper vos soucis, c'est là que vous devez porter toute votre attention, si vous voulez que la postérité vous appelle grands et bons politiques.

Il faut soulager la misère du peuple, et mettre tous vos soins à égaliser les fortunes autant que possible. « Dans toute société où l'on ne connaît ni » l'opulence ni l'indigence, les mœurs doivent être » très pures, car ni le libertinage, ni l'injustice, ni » l'envie ne sauraient s'y introduire (2). »

Ne jetez pas vos aumônes aux pauvres, c'est les humilier et les avilir, c'est les pervertir et les corrompre ; mais procurez-leur du travail, et faites que la sueur de leur front ne coule pas inutilement, mais leur soit utile et leur donne de l'aisance.

Il y a près de trois siècles que notre grand phi-

(1) Sénèque.

(2) Platon.

losophe a proposé d'établir dans les villes des fonctionnaires chargés de procurer des emplois à ceux
qui en auraient besoin, et des employés à ceux qui
en demanderaient; du travail aux ouvriers, des ouvriers à ceux qui auraient du travail à commander ;
et il trouve avec raison que ce moyen serait très
utile à la société ; car, dit-il, à tous coups il y a
des conditions qui s'entrecherchent, et pour ne s'entr'entendre, laissent les hommes en extrême nécessité. Eh bien ! l'on a créé depuis ce temps une quantité étonnante de fonctions et de places, et celle-là,
si utile, si indispensable n'a pas été créée ! Eh pourquoi ? c'est que la troupe vorace qui aboie aux portes
des gouvernants, les empêche de voir le peuple qui
a besoin de travail, et qui souffre de la faim et du
froid, parce qu'il n'en a pas.

Il faut, après avoir donné plus de richesse et de
sagesse au peuple, que vous étendiez un peu les
droits des citoyens, que vous leur donniez un peu
plus de liberté et d'égalité, et que, cessant de mépriser leurs droits, vous établissiez plus de justice
dans les privilèges de tous les membres de la société. « Il serait plus sage de se prêter un peu aux
» exigences de l'époque, que de s'obstiner à ne
» rien relâcher, et donner lieu à la violence de
» fouler tout aux pieds (1). »

Il faut que le peuple apprenne de vous que Dieu
existe, que l'âme est immortelle, et que le juge tout-
puissant aime et récompense la vertu, hait et punit

____

(1) Montaigne.

le vice. Si vous avez le malheur de ne pas croire, il faut le lui cacher et lui persuader que vous croyez, car sans cela vous êtes de mauvais politiques et des gouvernants inutiles et dangereux.

Alors votre charge sera honorable, douce et agréable, car vous serez honorés, aimés et bénis. Alors les contemporains vous combleront de louanges et d'admiration, et la postérité gardera votre mémoire glorieuse, et dira votre nom avec l'estime la plus haute et le respect le plus profond.

Écoutez, gouvernés, c'est à vous que je parle :

« Dans toute assemblée, dans toute société, quel
» qu'en soit l'objet, il est selon l'ordre qu'il y ait un
» chef. Dans tout corps politique, n'est-il pas né-
» cessaire que les uns gouvernent et que les autres
» soient gouvernés (2)? » Et que serait la société s'il en était autrement, et si chacun voulait commander ? Ce serait l'anarchie dans toute son horreur, et la loi du plus fort s'établirait, et les faibles seraient opprimés, car là où il n'y a pas des chefs pour protéger le faible contre le fort, il n'y a pas de justice, tout devient la proie du plus fort, et la société se dissout et s'évanouit.

Cessez de porter envie à vos supérieurs, car ils ne sont pas plus heureux que vous, et les charges pénibles qui pèsent sur eux ne vous fatiguent pas, et celui que vous voyez le plus haut placé n'en est que plus exposé à tomber, et sa chute n'en est que plus dangereuse.

(2) Platon

Cessez de prétendre à une égalité parfaite, qui n'existe pas dans la nature, et qui par conséquent ne saurait exister dans un état, et cessez de prétendre à une liberté qui vous laisse tout oser et tout faire, et qui méprise les lois et ceux qui les font et ceux qui veillent à leur exécution et ceux qui les appliquent ; car la liberté n'est pas le droit de tout faire, mais seulement de faire tout ce que les lois permettent.

Contentez-vous d'une liberté sage, et ne demandez pas les excès de la liberté, parce qu'ils sont dangereux et odieux ; laissez-vous gouverner avec patience et résignation ; aidez même vos gouvernants dans leurs pénibles fonctions, et diminuez le poids de leur charge par votre obéissance empressée.

Si cependant vous désirez être gouvernants, pour faire le bonheur de la nation, et vous attirer ses bénédictions, certainement c'est une noble émulation et une honorable ambition ; et je vous dis en ce cas-là : travaillez et acquérez de la science, de la justice et de la sagesse, afin qu'on remarque votre mérite, et qu'on vous prie de gouverner.

Ecoutez, riches, c'est à vous que je parle :

« Il est inhumain et injuste de tant faire valoir » cet avantage de la fortune (1). » Il n'y a que le méchant qui ose se prévaloir de ses richesses ; il n'y a que l'ignorant qui puisse croire que son or lui donne une supériorité.

Si vous tenez vos richesses de vos parents, vous

____

(1) Montaigne.

n'avez aucun mérite de les posséder, et vous avez tort de vous vanter de ce que vous ne devez qu'au hasard ; et si vous les avez acquises vous-mêmes, sondez bien le fond de votre cœur avant de vous en glorifier, assurez-vous bien qu'elles sont pures, et que vous ne les devez ni à la fraude, ni à l'injustice, ni à la violence, ni à la souillure et à la corruption de votre âme.

Demandez-vous si, pour devenir riches, vous n'avez pas rampé longtemps dans les humiliations et les affronts ; si vous n'avez pas forcé votre regard à approuver ce dont il aurait dû se détourner avec indignation ; si vous n'avez pas forcé votre corps à se plier plus bas qu'il ne lui est permis par la nature et par la dignité d'homme ; si votre main n'a pas fait des offices qui ne conviennent qu'à des valets ou à des sicaires ; enfin si votre âme n'a pas été gangrénée par la honte et les crimes de votre vie : et alors même que vous n'auriez aucun de ces reproches à vous faire, vous ne devez pas vous énorgueillir de vos richesses.

Riches, faites un bon usage de vos richesses : soulagez les malheureux, donnez aux pauvres, pour qu'ils n'envient pas votre fortune, et ne conçoivent pas l'idée criminelle de vous la ravir ; donnez : la charité l'ordonne, et votre intérêt le commande.

Faites l'aumône : ce n'est pas vous qui devez penser à ses inconvénients. Faites des quêtes, des loteries, des souscriptions pour les pauvres ; ouvrez des écoles, des hôpitaux, des ateliers pour les pauvres ; fournissez-leur du travail ; donnez-leur de toutes les manières.

Donnez-leur par vos dépenses : « Si les riches ne
» dépensent pas beaucoup, les pauvres mourront
» de faim. Il faut même que les riches dépensent en
» proportion de l'inégalité des fortunes, et que le
» luxe augmente dans cette proportion. Les richesses
» particulières n'ont augmenté que parce qu'elles
» ont ôté à une partie des citoyens le nécessaire
» physique; il faut donc qu'il leur soit rendu (1).»

Mais si vos dépenses ne sont d'aucune utilité aux pauvres, si votre luxe et votre opulence ne les nourrissent pas, s'ils sont spectateurs affamés de vos folles jouissances et de vos plaisirs extravagants, si vous nagez dans l'abondance sans qu'ils en retirent aucun profit, ils envieront doublement vos richesses, et vous n'aurez à vous en prendre qu'à vous-mêmes et à votre imprévoyance, s'ils viennent, au jour de leur colère non plus menaçante mais agressive, non plus vous demander leur part mais vous la ravir brutalement.

Et si vous êtes avares, si vous cachez votre or, et s'il se rouille dans la terre, où vous l'avez enfoui, ou si votre insatiable avidité s'en sert pour faire l'usure ; si vous êtes sans charité, sans pitié, sans grâce et miséricorde, oh! alors, s'il vient un jour malheureux de révolution et d'anarchie, n'attendez des pauvres ni charité, ni pitié, ni grâce, ni miséricorde, et soyez sûrs qu'ils ne vous rendront que ce

(1) Montesquieu

qu'ils auront reçu de vous, et n'attendez de Dieu
que justice sévère et châtiment.

Soyez bons, charitables, sans envie et cupidité,
pour que les pauvres ne soient pas méchants et
inhumains, n'envient pas vos richesses, se contentent de leur sort, et vivent avec vous dans la concorde et la tranquillité.

Écoutez, pauvres, c'est à vous que je parle :

Cessez de vous plaindre et de pousser d'inutiles
gémissements ; cessez de croupir dans l'oisiveté ;
cessez de prodiguer votre salaire en folles dépenses;
cessez d'envier le bien des riches ; cessez de dérober
et surtout ne pensez jamais à acquérir les besoins
de votre existence par la mort de quelqu'un; car ce
sont là les causes de votre misère.

C'est le travail qui fait la fortune et la joie du
pauvre vertueux ; c'est avec le fruit de son travail
qu'il nourrit sa famille, la loge convenablement,
l'habille avec propreté, qu'il élève ses enfants, leur
prépare un avenir plus prospère, et qu'il se donne
de la gaîté et du bonheur.

« Quel art nous délivre de la pauvreté? N'est-ce
» pas l'économie? (1) » N'est-ce pas elle qui met le
pauvre en état d'avoir le nécessaire pour lui et sa
famille, qui lui donne de l'aisance et le conduit à la
fortune? Et n'est-ce pas la prodigalité qui a servi à
contenter l'intempérance, le goût de la débauche,
les mauvaises passions et les vices corrupteurs,
n'est-ce pas la prodigalité qui prolonge la misère du
pauvre et conduit le riche à la pauvreté?

(1) Platon

A quoi bon vous tourmenter l'esprit par des désirs
envieux ? Pourquoi ne pas vous occuper seulement
d'acquérir le nécecsaire et de vous en contenter ?
Que vous importe alors que d'autres aient le superflu, si vous ne le désirez pas, et si votre médiocrité vous suffit ? Si vous êtes contents de votre sort,
croyez-vous que les riches soient plus heureux que
vous ? Vous avez moins de tourments, moins de soucis, et moins de chances de grands revers et par conséquent de grands regrets et de grands chagrins.
Vous enviez l'homme riche, qui a toujours nagé
dans l'abondance, et que vous prétendez avoir été
constamment heureux : eh bien ! il n'est pas habitué à l'adversité, et si quelque revers lui fait perdre
sa fortune, il n'aura que plus de peine à le supporter, et il n'en sera que plus malheureux : et ne
croyez pas que ce revers ne puisse pas arriver, et
que, parce qu'il a été toujours riche jusqu'à ce moment, il ne puisse pas devenir pauvre le moment
d'après, ou le soir ou le lendemain ou plus tard :
« cet homme si longtemps heureux aura sa part d'ad-
» versité, ce qui paraît perdu n'est que différé (1). »
Vous qu'un revers de fortune vient de précipiter
naguère dans la pauvreté, n'enviez pas ceux qui
sont restés riches ou qui le sont devenus, et conso-
lez-vous, car « souvent un revers de fortune vous
» conduit à une meilleure position (2). » Vous qui
voudriez qu'on fixât la quotité des fortunes, parce

(1) Sénèque.
(2) Idem.

qu'il y en a de moins pauvres ou de plus riches que vous, et que vous enviez leur sort, et que vous voudriez les ramener à votre niveau, croyez-vous que ce soit possible, et que la paresse, l'ignorance, l'imbécillité, la prodigalité, les passions ne dérangeraient pas bientôt ce niveau ? « Le point important » c'est de niveler les passions bien plutôt que les » propriétés (1). » Croyez-vous que ce qui serait à partager entre deux enfants ne donnerait pas à chacun une part plus forte que ce qui serait à partager entre quatre ? « En fixant la quotité des fortunes, il » faut aussi fixer la quantité des enfants (2). » Le croyez-vous possible ?

Si vous poussez l'injustice jusqu'à vouloir dérober le bien des riches et non plus le partager avec eux, pensez-vous qu'ils y consentent et que votre spoliation puisse se faire sans combats et sans effusion de sang ? Il faudra se battre contre les riches, les chasser ou les égorger pour vous emparer de leurs biens, et alors vous serez des voleurs et des assassins ; et votre or, si injustement acquis, vous brûlera les mains, vous rongera le cœur et criera contre vous au tribunal du juge suprême qui a dit : *tu ne déroberas pas ; tu ne tueras pas ;* et certainement sa justice ne vous épargnera point, et vous serez punis dans l'autre vie d'un châtiment long et terrible. « Quoi ! les pauvres, parce qu'ils sont « en majorité, pourront se partager les biens des

(1) Aristote.
(2) Idem.

» riches , et ce ne sera point une injustice ! et que
» sera donc la plus criante des iniquités (1) ! »

Gouvernants, gouvernés , riches et pauvres , ne
vous laissez pas entraîner les uns contre les autres
par les démons de la haine, de la discorde et des
mauvais conseils; mais unissez-vous , vivez en
bonne intelligence, secourez-vous mutuellement, et
pensez et n'oubliez jamais que vous avez tous des
devoirs à remplir : « Jamais dans la vie, tant dans
» les affaires publiques que dans les affaires privées,
» dans les affaires civiles que dans les affaires do-
» mestiques, dans les actes particuliers que dans les
» contrats, on ne peut éviter le devoir : s'en ac-
» quitter est un honneur , le négliger est une
» honte (2). »

(1) Aristote.
(2) Cicéron.

CHAPITRE XXIII.

A tous les partis.

Ecoutez, prophètes imposteurs, séditieux, factieux, conspirateurs, conjurés, perturbateurs du
repos social, démons de la haine et de la discorde,
flatteurs, courtisans, écoutez ! et répondez, si vous
l'osez.

Quand le torrent tumultueux s'élancera précipi-
tamment avec rage et fureur, serez-vous assez forts
pour lui imposer une digue? Quand les eaux débor-
dées s'étendront dans la plaine et menaceront de
submerger les campagnes, les cités et les hommes,
serez-vous assez puissants pour arrêter l'inonda-
tion? Lorsque le volcan grondera dans ses flancs et
secouera violemment la terre, serez-vous assez
grands pour retenir sur sa hauteur les laves qu'il
voudra vomir? Et si vous ne pouvez empêcher l'é-

ruption, si la lave obscurcit la lumière des astres et nous cache le firmament, et tombe sur les villes et les engloutit, est-ce vous qui viendrez aux lieux où elles auront été ensevelies, et qui, frappant leur tombeau de votre pied orgueilleux, leur direz d'en surgir et de reparaître à la lumière ?

Non, sans doute, tant de force, de puissance, de grandeur et de faculté magique ne vous appartient pas. Cessez donc d'amonceler les nuages et de les faire crever pour grossir le torrent; cessez donc de lancer vos rayons brûlants sur la montagne et de faire fondre les glaces pour causer le débordement du fleuve; cessez donc de jeter des matières combustibles dans le cratère et d'enflammer le soufre du volcan; paix donc à votre voix! paix! vous dis-je.

« Quiconque enchaîne les lois, entrave le gouver-
» nement par des factions, met en œuvre la force
» pour l'exécution de ses desseins, et allume le feu
» de la sédition, doit être tenu pour le plus dange-
» reux ennemi de l'état (1). »

Et vous qu'un zèle exagéré pour le bonheur des hommes égare et trouble en votre raison, et qui proposez des institutions pour des hommes corrompus, pareilles à celles qui conviennent à un peuple naissant ou régénéré, « ce que vous dites est bon pour
» l'homme parfait et qui a atteint le faîte de la fé-
» licité humaine : mais on y arrive tard. En at-
» tendant, il faut tracer une ligne de conduite pour
» l'homme en progrès, mais encore imparfait (2). »

(1) Platon.
(2) Sénèque

Humains de toutes les conditions, de tous les âges, et des deux sexes, je vous en conjure, ne vous laissez pas entraîner par ceux qui sèment le trouble et la terreur; mais aidez-vous mutuellement et aimez-vous. « Les hommes sont faits pour s'entr'aider, les
» bons offices et la concorde sont les bases de la vie
» sociale; ce n'est pas la terreur, mais la bienveil-
» lance qui en serre les liens et la protège (1). »

Sachez obéir et commander; car « on estime fort
» haut le talent de savoir également obéir et com-
» mander, et c'est dans cette double perfection
» qu'on place ordinairement la suprême vertu du
» citoyen (2). »

Soyez vertueux, respectez les lois, et vous serez heureux et l'état sera parfait; car « l'état le plus
» parfait est évidemment celui où chaque homme
» peut, grâce aux lois, s'assurer le bonheur par la
» vertu (3). »

Aimons-nous les uns les autres; adorons Dieu; honorons le roi; respectons les lois; chérissons la patrie; serrons les liens de la famille; soyons généreux envers nos amis; pardonnons à nos ennemis; rendons le bien pour le mal; ayons de la tendresse pour nos concitoyens; aimons les étrangers; étendons nos affections sur toute l'humanité; et enfin suivons ce conseil du sage de la Grèce : « Si vous
» m'en croyez, vivement persuadés que l'âme est

(1) Sénèque.

(2) Aristote.

(3) Idem.

» immortelle, capable dans une autre vie de jouir
» de tous les biens, d'être accablée de tous les maux,
» nous vivrons en justes, à pouvoir nous promettre
» qu'à la fin de notre carrière elle prendra son vol
» directement vers le ciel (1). »

(1) Platon.

LIVRE SECOND.

—

CHAPITRE Ier.

Des lois et de la justice.

Les lois doivent n'avoir en vue que le bonheur
de tous les membres de la société. « La fin que les
» lois doivent envisager, et pour laquelle elles doi-
» vent être faites et sanctionnées, n'est autre que de
» faire que les citoyens vivent heureux (1). »

(1) Bacon.

Tous les citoyens sont égaux devant la loi, et la loi est égale pour tous. Ainsi le grand n'est pas plus que le petit, le riche que le pauvre, le savant que l'ignorant ; toutes les conditions, toutes les professions sont égales devant la loi ; et si un ministre et un particulier, un riche et un pauvre, un militaire et un bourgeois ont commis ensemble le même crime, ils doivent comparaître devant le même tribunal, et ils sont égaux devant la loi, et la loi est égale pour eux.

Les lois ne doivent pas être faites pour un parti ou un système au détriment du plus grand nombre ; parce que le plus grand nombre, mécontent et irrité, fera tous ses efforts pour se soustraire aux lois et les détruire.

Les lois doivent être conformes à l'esprit des peuples et non pas les peuples à l'esprit des lois. S'ils sont d'humeur inconstante et légère, il ne faut pas que la loi les force à penser et agir d'une manière constante et uniforme ; s'ils sont difficiles à conduire, il ne faut pas qu'ils s'aperçoivent que le joug de la loi est pesant ; si les idées libérales sont enracinées dans le cœur d'une nation, il serait d'une inconcevable imprudence de faire des lois tyranniques ; si elle devait en abuser, il ne faudrait pas lui donner des lois plus libérales qu'elle ne peut les supporter.

Il faut que les lois conviennent à la forme du gouvernement, à l'étendue du territoire, à la population, à la puissance, à l'influence de l'état, à la durée de son existence ; car ce qui est bon pour une monar-

chie ne l'est pas pour une république ; ce qui est
favorable à un empire ancien, grand, très peuplé,
puissant, influent, civilisé ou corrompu, ne l'est pas
à un état naissant, petit, d'une population peu nombreuse, sans puissance et influence, barbare ou vertueux.

Quand il y a plusieurs partis dans un état, et lorsque chacun veut que les lois soient faites suivant son
opinion, il faut ne subir l'influence d'aucun parti,
et s'occuper du bonheur de tous les citoyens : c'est
ainsi qu'on ne fera pas des mécontents. « La vraie
» prudence consiste à s'occuper des intérêts com-
» muns, et à préférer les dispositions et les institu-
» tions sur lesquelles les différents partis sont d'ac-
» cord (1). »

Les lois, chez les nations où domine la vertu, sont
presque inutiles, et doivent être fort indulgentes :
on y est puni par le remords. Chez les nations où
domine l'honneur, les lois doivent punir par la honte ;
chez les nations où il n'y a plus ni honneur ni vertu,
ni honte ni remords, où les intérêts matériels ont
corrompu les bonnes qualités de l'ame , où l'on
n'aime et n'estime que l'argent, les lois doivent punir par des amendes.

Les lois ne doivent pas être des essais : il est absurde qu'elles soient provisoires. Le ministre ou le
membre du corps législatif, qui propose une loi, doit
l'avoir examinée sous toutes les faces, en avoir prévu
toutes les conséquences, y avoir mûrement réfléchi ;

(1) Bacon.

et il ne doit la proposer que parce qu'il est persuadé qu'elle est bonne et durable. Il peut se tromper, car tout sur la terre est sujet à l'erreur; mais il doit croire qu'il ne se trompe pas, et surtout que sa loi n'est pas un tâtonnement.

Il ne faut pas que la même peine soit le châtiment de crimes différents. Ainsi la mort doit être le châtiment du parricide, de l'infanticide, du traître à la patrie, de celui qui a fait une conspiration, soulevé une émeute et causé la mort de plusieurs hommes, et de celui qui a commis deux assassinats; mais elle ne doit pas être le châtiment de celui qui a commis un assassinat; et ce dernier doit être puni d'un châtiment très sévère, aussi long que sa vie, mais non pas de la mort.

Les lois doivent être claires, précises, simples, exprimées en peu de mots nullement recherchés, et tels que tout citoyen puisse les comprendre, s'il est possible. Elles ne sont pas faites seulement pour la classe instruite, pour les rhéteurs et les savants : elles sont pour tout le peuple; il faut donc que le style en soit à la portée de l'intelligence de tout le peuple.

Il faut qu'elles soient pleines de franchise et de candeur, et qu'elles ne soient point sujettes à plusieurs interprétations, afin que celui qui les enfreindra ne puisse pas prétendre qu'il y a eu surprise de la part des législateurs, qu'il n'a pas bien compris le sens de la loi, qu'il s'est trompé parce qu'elle était obscure et douteuse, et qu'il n'est coupable que par erreur ou ignorance.

N'ayez pas un très grand nombre de lois. Plus

elles sont nombreuses, et plus elles sont sujettes à
se contredire, se contrarier et se nuire mutuellement,
et moins on les respecte et moins on leur obéit. Ayez
surtout le soin de ne pas grossir vos Codes par des
lois insignifiantes, qui vous font perdre un temps
précieux ; et occupez-vous de donner aux nations
des lois importantes, et qui soient utiles à l'ordre et
au bonheur publics.

Il peut arriver qu'une loi paraisse injuste, et
qu'elle blesse même une ou deux lois naturelles, et
que ce soit bon et utile ; car la faiblesse humaine est
si grande que ce qu'elle fait et ce qui est fait pour
elle n'est pas toujours parfaitement juste et équitable,
et l'on est obligé souvent de pencher un peu vers le
mal pour obtenir le bien. C'est ce que dit avec raison le philosophe de Leipsick : « Souvent un mal
» cause un bien auquel on ne serait pas arrivé sans
» ce mal ; souvent même deux maux ont fait un
» grand bien (1). »

Les lois ne sont pas immuables. Les peuples naissent, croissent et vieillissent, et ce qui convenait à
leur naissance ne convient pas à leur maturité, et ce
qui convenait à leur maturité ne convient pas à leur
vieillesse. L'homme mûr et le vieillard sont mus par
d'autres passions et d'autres intérêts que l'enfant
et le jeune homme : il en est ainsi des peuples.
« Lorsque les intérêts d'un état, dit le livre *de l'Es-*
» *prit*, sont changés, et que les lois utiles lors de sa
» fondation. lui sont devenues nuisibles, ces mêmes

____

(1) Leibnitz.

« lois, par le respect que l'on conserve toujours pour
» elles, doivent nécessairement entraîner l'état à sa
» ruine (1). » Ne craignez donc pas de les changer;
et vous devez vous hâter, car le retard peut être
nuisible et votre opiniâtreté peut causer la perte de
l'état.

Une révolution peut modifier ou irriter le caractère d'un peuple. Il faut alors que les lois soient changées, et deviennent plus douces ou plus sévères, suivant le caractère du peuple.

Un peuple qui est dans la corruption peut abuser des lois faites pour un peuple vertueux ; il est alors nécessaire de changer ces lois.

Un peuple corrompu peut avoir des lois qui autorisent la corruption, ou qui sont insuffisantes pour l'arrêter. Il arrive souvent alors que les gens honnêtes et vertueux crient contre la corruption et les mauvaises mœurs, et que tous les citoyens, méprisant ou haïssant les lois, ne pensent qu'à leur intérêt particulier, et ne sont plus conduits par le patriotisme. Il faut alors que ceux qui veulent opérer une rénovation dans les mœurs, s'occupent de changer les mauvaises lois; car il serait absurde de vouloir obtenir des vertus, lorsque les lois autorisent et semblent prêcher les vices. « On crie contre la
» corruption des mœurs ; il faut, dit-on, former des
» hommes vertueux ; et l'on veut à la fois que les
» citoyens soient échauffés de l'amour de la patrie.

(1) Helvétius

» et qu'ils voient en silence les malheurs qu'occa-
» sionne une mauvaise législation (1) ! »

Proportionnez les lois à la faiblesse et aux passions
des hommes, et non pas à la force et à la vertu des
hommes les plus sages, ou des êtres qui sont supérieurs à l'espèce humaine. Avant de proposer et de
faire des lois, rappelez instamment à votre esprit
qu'elles sont destinées à des hommes et non pas à
des anges.

Faire des lois est une chose grave et sérieuse, et
capable de faire réfléchir et de jeter en de profondes
méditations; et cependant ceux qui font les lois n'y
apportent ordinairement qu'indifférence et légèreté.
Les conseils et les assemblées où elles se font semblent plutôt des cercles où des amis joyeux et dis-
traits s'amusent à une conversation familière, que
des réunions solennelles où il s'agit des intérêts
importants de tout un peuple. On y rit, on y plaisante, on y bâille, on y dort, on se presse d'arriver
à la conclusion; et puis, après les avoir votées, on
sanctionne et promulgue des lois insignifiantes, et
quelquefois même dangereuses, dont le peuple à
son tour rit et plaisante, sur lesquelles il bâille et
dort maintenant, et que bientôt peut-être il foulera
aux pieds, et renverra dans le néant d'où elles n'auraient pas dû sortir.

Que la justice soit exercée par des magistrats
nommés par le pouvoir exécutif, inamovibles, in-
tègres, équitables, sans amour et sans haine, sans

affection et prévention, sans complaisance et malveillance, sans autre passion que celle du bien public, et sans autre volonté que celle de rendre à chacun ce qui lui est dû.

Quelle noble, grande et honorable mission a été donnée au juge ! que de bien il peut faire ! que de mal il peut empêcher ! Toutes les mauvaises passions, l'égoïsme, la cupidité, la jalousie, la haine, la méchanceté, comparaissent devant son tribunal. S'il les condamne, il les fait haïr ; s'il est indulgent pour elles, il les fait tolérer ; s'il est complaisant, il les fait rechercher ; et suivant ses jugements, on aime, on néglige, ou l'on méprise les vertus. C'est aux lieux où se rend la justice que le peuple vient apprendre comment il doit se conduire ; c'est d'après ce qu'il y voit qu'il se trace sa marche ; c'est d'après ce qu'il y entend qu'il façonne et compose son cœur. Si les jugements sont justes, il sera juste ; mais s'ils sont iniques, n'attendez de lui que l'iniquité ; et selon qu'ils sont justes ou injustes, ils exercent sur le peuple l'influence la plus favorable ou la plus pernicieuse.

Ordonnez donc que les portes des tribunaux soient ouvertes à tout le peuple, pour que les juges n'osent pas violer la loi à la face de leurs concitoyens assemblés, pour qu'ils leur donnent de bons conseils et de bons exemples, puisqu'ils savent que leurs exemples seront imités, et pour qu'ils leur apprennent à aimer l'équité, à respecter le bon droit, et à ne commettre aucun délit, aucun crime contre les individus et contre la société.

Ne confiez pas le droit de juger les querelles et les procès des citoyens à un seul homme. Il est plus difficile de corrompre plusieurs juges qu'un seul par des présents ou des flatteries et des caresses féminines, plus dangereuses encore; et la faveur de plusieurs est plus difficile à obtenir que celle d'un seul homme.

Non-seulement le tribunal doit être composé de plusieurs membres, mais encore il doit y entrer un certain nombre de particuliers, soit qu'il s'agisse de délits, soit qu'il s'agisse de crimes, soit que les querelles et discussions aient lieu entre les particuliers, soit qu'elles aient lieu entre les particuliers et le gouvernement. Le jury doit être établi pour tous les procès et dans tous les tribunaux; la justice exige ainsi moins de juges, est bien mieux rendue, est moins coûteuse et plus utile.

Les opinions des avocats ont souvent trop d'influence sur les juges. L'éloquence les séduit, et, par paresse ou par légèreté d'esprit, ils se laissent entraîner hors du bon droit, et jugent par les avocats et non par leur conscience, qu'ils n'ont pas consultée.

« Ce qui est le plus choquant, c'est que les juges
» ont des avocats favoris, auxquels ils témoignent
» une prédilection scandaleuse (1). »

Les débats ne doivent pas être trop longs. Le juge fait bien de prier les avocats de modérer la longueur de leurs plaidoyers, et a raison de ne pas

____

(1) Bacon.

les interrompre souvent. « Un juge, grand parleur
» et qui coupe fréquemment la parole aux avocats,
» est une cymbale assourdissante (1). »

On voit des tribunaux différents qui, par amour-
propre, jugent différemment dans les mêmes causes.
soit qu'un tribunal ne veuille pas se conformer au
jugement d'un tribunal semblable, soit que plusieurs tribunaux ne veuillent pas se conformer aux
arrêts d'une cour ; soit que des cours semblables ne
veuillent pas se conformer aux arrêts d'une cour
supérieure, comme si la fortune et la vie des citoyens
devaient dépendre de l'amour-propre et de l'obsti-
nation capricieuse des magistrats.

Les juges doivent consulter le texte de la loi et
leur conscience, et rarement les commentateurs ;
car cette foule d'auteurs et de docteurs qui ont fait
de volumineux commentaires sur les lois, embar-
rassent plus souvent le juge qu'ils ne l'aident, et
lui fournissent rarement le fil qui pourrait le faire
sortir du dédale où ils le plongent. Peu de lois, peu
de commentateurs et plus d'équité.

Depuis longtemps les formes de la justice sont devenues tellement injustes et vexatoires, qu'il semble
que les peuples seraient plus heureux, s'ils n'avaient
ni procureurs, ni avocats, ni juges, ni tribunaux.
« L'obscurité du fond a fait naître la forme.
» Les fourbes, qui ont espéré de pouvoir cacher
» leur malice, s'en sont fait une espèce d'art : des

» professions entières se sont établies ; les unes
» pour obscurcir, les autres pour allonger les af-
» faires; et le juge a eu moins de peine à se défen-
» dre de la mauvaise foi du plaideur que de l'artifice
» de celui à qui il confiait ses intérêts. Tel est l'état
» des choses, que les formalités introduites pour
» conserver l'ordre public sont aujourd'hui le fléau
» des particuliers. L'industrie du palais est deve-
» nue une source de fortune comme le commerce :
» autrefois les gens de bien menaient devant les
» tribunaux les hommes injustes, aujourd'hui ce
» sont les hommes injustes qui y traduisent les gens
» de bien (1). »

Aussi la justice n'est plus bonne que pour le riche : les frais énormes, les délais, les chicanes de tous les genres la mettent hors de la portée du pauvre. S'il prend fantaisie à un riche propriétaire de s'emparer du champ de son voisin pauvre, il n'a qu'à le menacer d'un procès : il coûtera plus au pauvre que la valeur de son champ. Si un marchand peu fortuné vient s'établir à côté d'un marchand riche et devient une concurrence nuisible aux in-térêts du riche, un injuste procès le force bientôt à fermer sa boutique. Si un pauvre et un riche se disputent une propriété, le pauvre doit succomber, quel que soit son bon droit, et ce qu'il y a de plus avantageux pour lui est de transiger. Une compagnie d'assurances aura toujours raison contre le proprié-taire pauvre d'une maison ou d'un navire. La justice

(1) Montesquieu.

se vend, non pas parce que les juges sont corrompus, mais parce que la législation est mauvaise. A cause des sommes énormes que coûtent les avoués, les avocats et les autres frais de procès, il est incontestable qu'il y a déni de justice pour le pauvre. Convenez donc qu'il y a quelque chose à changer, que vous avez quelque chose à faire; et faites-le, si vous voulez bien mériter de la patrie et de la postérité.

Que d'abus dans la législation et la justice! quel courage hardi osera se présenter pour les détruire, malgré les réclamations intéressées qui s'élèveront de toutes parts? Quelle volonté prudente pourra introduire des changements favorables, sans amener la perturbation? Quelle intelligence assez saintement inspirée indiquera le mal qui doit disparaître, et le bien qui doit en prendre la place? Peut-être personne ne se présentera. Cependant le mal est grand, la blessure est dangereuse, la gangrène s'y est déjà mise : si vous ne vous hâtez, tout est perdu, et le corps social va périr.

Osez entreprendre le bien, sans vous laisser effrayer par les cris menaçants et les clameurs insolentes. Avancez cependant avec prudence et circonspection ; suivez les conseils que je vous ai donnés; et d'abord étendez la compétence des juges de paix; adjoignez à chacun, chaque jour, deux particuliers notables de son ressort, qui jugeront avec lui. Ordonnez aux parties de plaider elles-mêmes leurs causes et de soutenir leurs intérêts.

et défendez aux avoués et aux avocats de s'en mêler
en aucune manière. Donnez à ce tribunal un petit
nombre seulement de lois sages , et laissez plus de
latitude à son équité. Faites ce que je vous dis là , et
vous aurez fait un grand pas vers le bien.

CHAPITRE II.

De l'administration de l'intérieur.

Partagez l'état en provinces d'une étendue à peu près égale, et les provinces en divisions et subdivisions.

La commune doit avoir peu de terres et une faible population, afin qu'on puisse lui donner une organisation très libérale et presque démocratique. « Il » faudrait laisser à chaque ville, avec son gouverne- » nement municipal toute la liberté dont elle ne saurait abuser (1). » Tous ses magistrats sans exception, tous les membres de ses conseils, tous les officiers de sa garde nationale, son prêtre, doivent être élus par une grande partie des citoyens âgés de vingt-un ans et au-dessus; par la moitié, si c'est possible; mais au moins par le tiers.

(1) Turgot

On ne peut enlever le droit d'élection dans la commune qu'aux journaliers, manœuvres, domestiques, valets de ferme et indigents ; et on le doit, parce qu'ils sont trop ignorants pour pouvoir être consultés. Habitués à servir et à mendier, ils ont un caractère servile, bas et trop facilement corruptible ; n'ayant rien à perdre, ils sont intéressés au désordre. Il y aurait donc inutilité et danger à leur permettre de donner leurs votes aux élections.

La commune doit s'administrer elle-même par ses conseils et ses magistrats, ordonner ses recettes et dépenses communales, garder les propriétés de la commune et des particuliers, faire la police chez elle et y maintenir le bon ordre ; elle doit être l'image d'une petite république bien organisée ; il n'y a en cela aucun danger ; car que pourrait contre l'état une faible population contenue dans un espace qui est très loin quelquefois de former la dix-millième partie du territoire national ? Il en résulte, au contraire, un très grand avantage : l'homme du peuple regarde rarement au-dessus de lui ; il ne s'occupe guère que de ce qui se passe autour de lui ; et s'il reconnaît qu'il y a liberté et égalité pour lui, sa famille, ses amis et ses voisins, il est facilement porté à croire qu'il en est ainsi dans tout l'empire, et il ne pense pas au pouvoir supérieur, ou s'il y pense, n'en voyant pas, n'en sentant pas l'influence, loin de l'envier et de le haïr, il le respecte et le chérit.

Hors de la commune et au-dessus, tout doit être conduit et administré directement ou indirectement par le gouvernement. Tous les magistrats, tous les

officiers des gardes nationales, tous les ministres de
la religion, doivent être nommés par le pouvoir exé
cutif; et l'influence et l'autorité des principes monarchiques et aristocratiques doivent se montrer et
se faire sentir dans l'administration des provinces
et de l'état.

Mais l'influence et l'autorité monarchique et aris
tocratique doivent régner et dominer sur les pro
vinces et l'état, non pas comme un maître sur des
esclaves, mais comme un père sur ses enfants; et
leurs soins doivent être employés, et leur but doit
toujours tendre à la tranquillité, à la liberté, à la
prospérité et au bonheur des administrés.

Il faut que les administrés soient consultés sur ce
qui est bon et utile pour la province, et il faut consulter des hommes riches ou aisés, des négociants
et des marchands, des médecins, des avocats, des
artistes, des entrepreneurs, pour apprendre d'eux
ce qui est à faire pour le bien-être, le commerce,
la santé, la concorde, les agréments et les plaisirs
de tous, et surtout on doit consulter les propriétaires des terres. « Toute amélioration, dit le pro-
» fond économiste d'Albion, qui se fait dans l'état
» de la société, tend d'une manière directe ou indi-
» recte à faire monter la rente réelle de la terre,
» à augmenter la richesse réelle du propriétaire.
» Quand la nation délibère sur quelque règlement
» de commerce ou d'administration, les proprié-
» taires des terres ne la pourront jamais égarer,
» même en n'écoutant que la voix de l'intérêt par

» ticulier de leur classe (1). » Et les ouvriers ne
doivent pas être consultés ; car « quoique l'intérêt
» de l'ouvrier soit aussi étroitement lié avec celui
» de la société, il est incapable de connaître l'inté-
» rêt général ou d'en sentir la liaison avec le sien
» propre (2). » S'il y a cependant quelque ouvrier
instruit, on fera bien de le consulter.

Les provinces auront toutes, s'il est possible, la
même administration, la même religion, les mêmes
lois, les mêmes mœurs, les mêmes usages et coutumes, les mêmes poids et mesures, afin qu'elles
forment un tout homogène et parfaitement uni ; car
ce sont les opinions différentes, les mœurs différentes, les manières différentes de penser et d'agir
qui troublent l'union des provinces et mettent la
discorde dans un état. Mais il ne faut jamais employer la force pour donner à toutes les provinces
ou à tous les particuliers de la même province, les
mêmes pensées, les mêmes opinions, les mêmes
règles de conduite : il faut les y engager par la per-
suasion, en suivant une marche lente et presque
insensible. Il est dangereux de heurter les sentiments des hommes, et la violence est un crime lorsqu'elle est employée à forcer les opinions et les
consciences, surtout en fait de religion.

Les provinces auront toutes les mêmes droits et
les mêmes charges. Elles doivent toutes être représentées au parlement d'une manière égale, c'est-à-

(1) Adam Smith.
(2) Idem.

dire proportionnelle à leur population ; et il ne peut pas en être autrement, n'importe sous quel pré- texte, encore moins sous celui de la religion que sous tout autre. Aucune ne doit avoir de privilèges, encore moins être exempte des charges ; car les charges dont elle serait exempte retomberaient sur les autres provinces, ce qui serait injuste.

Ayez soin d'abolir dans toutes les provinces les restes du système féodal, et gardez-vous bien d'en rétablir la plus petite partie si vous voulez que l'agriculture, le commerce et l'industrie soient pros- pères. « L'extension de l'agriculture et des manu-
» factures en Europe est provenue de la chute du
» système féodal et de l'établissement d'une forme
» de gouvernement qui a donné à l'industrie le seul
» encouragement dont elle ait besoin, c'est-à-dire
» une confiance assez bien établie qu'on la laissera
» jouir du fruit de ses efforts (1). » Ce furent les grandes propriétés et les moyens qu'on employa pour les faire rester dans les mêmes mains et en empêcher le partage qui nuisirent aux progrès de l'agriculture. « Cette première réunion des terres
» incultes par grands lots en un petit nombre de
» mains fut une grande calamité, mais qui aurait
» pu n'être que passagère ; elles se seraient bientôt
» après subdivisées de nouveau : naturellement les
» successions et les aliénations les auraient réduites
» en petits lots. Mais la loi de *primogéniture* s'op-
» posa à ce qu'elles fussent partagées par la voie
» des successions ; l'introduction des *substitutions*

____
(1) Adam Smith.

» empêcha qu'elles ne fussent morcelées par des
» aliénations (1). » Ce furent les corporations qui
nuisirent au développement de l'industrie, en établissant un monopole pour chaque métier, et en for-
çant presque chaque individu à rester dans sa profession, et même dans la profession de ses pères,
loi tyrannique et contraire à la liberté et à la prospérité de la nation. « Les lois qui ordonnent que
» chacun reste dans sa profession et la fasse passer
» à ses enfants ne sont et ne peuvent être utiles que
» dans les états despotiques, où personne ne peut
» ni ne doit avoir d'émulation (2). »

Ne divisez donc pas les citoyens d'un état en
castes, ordres et corporations ; ce serait reconstruire les privilèges. Peut-être y aurait-il moins de
pauvres que maintenant, parce que chaque corps
pourrait venir en aide à ceux de ses membres qui
en auraient besoin ; mais ce serait clouer chaque individu à une place sans qu'il eût le pouvoir d'en
sortir ; chaque citoyen serait semblable à la bête qui
broute où elle est attachée, à l'arbre qui croît où il
a été planté : ce serait aussi semer des haines entre
les divers corps et introduire diverses sociétés dans
une société. Il vaut donc mieux que chaque citoyen
n'appartienne qu'à lui et à l'état, et qu'il puisse sortir de la condition où il est né et s'élever à une condition supérieure : c'est le droit de la nature où tout
change, croît et s'embellit ; et il est bien plus avan-

(1) Adam Smith.

(2) Montesquieu.

tageux que tous les citoyens, comme les frères d'une seule famille, ne forment qu'une seule caste, un seul ordre, une seule corporation dans l'état. Quant au soulagement des pauvres, si l'on abandonne l'égoïsme, qui est la plaie hideuse de notre époque, si la société se régénère, comme j'en ai l'espoir; si l'on en vient enfin aux idées pures et suaves de fraternité, de charité, d'esprit évangelique, tous les citoyens s'aimeront et s'entr'aideront, le concours de tous produira le bien-être de chacun, et il n'y aura plus de pauvres.

N'encouragez pas l'agriculture aux dépens du commerce, ou le commerce aux dépens de l'agriculture, car ils s'aident mutuellement; et c'est la campagne qui fournit de la nourriture aux villes, et ce sont les villes qui fournissent à la campagne les instruments et outils pour la culture, le logement, les meubles et les objets de luxe; c'est la campagne qui fournit aux manufactures et au commerce la matière première des vêtements et des objets manufacturés, et ce sont les villes qui fournissent à la campagne les vêtements et tous les ouvrages manufacturés. La campagne produit, mais les villes donnent de la valeur à ce produit; et ce surcroît de valeur paie les manufacturiers et les ouvriers, et il en revient quelque chose aux propriétaires des terres, qui s'en servent pour augmenter leur travail et par conséquent leur produit.

N'entravez ni les villes, ni la campagne, ni la culture, ni le commerce, ni l'industrie, et laissez-les s'étendre et se développer en vous en occupant

le moins possible, et seulement lorsqu'il se fera
quelque chose évidemment contraire au bien général; et laissez le plus souvent les capitaux s'employer comme ils le voudront. Donnez-leur aide et
protection : c'est tout ce qu'ils vous demandent.

Occupez-vous du consommateur, et faites que chacun vive, et ne souffre ni de la faim ni du froid. « La
» consommation est l'unique but, l'unique terme de
» toute production, et l'on ne devrait jamais s'occu-
» per de l'intérêt du producteur, qu'autant seule-
» ment qu'il le faut pour favoriser l'intérêt du con-
» sommateur (1). »

La police d'un grand empire n'est pas chose facile; et il en coûte beaucoup d'argent, de peines et
de soins, pour empêcher qu'il ne soit porté aucun
dommage aux biens et à la vie des particuliers, aux
intérêts et à la stabilité de la société. Une surveillance active et sévère est d'une grande utilité; des
agents habiles sont nécessaires; les démarches de
chaque citoyen doivent être connues, quand la société est corrompue, quand le gouvernement insou-
ciant et égoïste, ne s'occupe pas du bien-être de la
masse du peuple. Mais si personne n'avait faim, on
ne chercherait pas à se procurer frauduleusement
de quoi manger, et il n'y aurait ni filous ni voleurs;
on serait loin de penser à s'exposer à une mort igno-
minieuse, en trempant les mains dans le sang d'un
homme pour lui ravir son bien, et il n'y aurait plus
d'assassins ; on ne se plaindrait pas au gouverne-

(1) Adam Smith.

ment de manquer de nourriture, on ne conspirerait pas contre lui, et il n'y aurait plus de séditieux. Alors ou pourrait laisser chacun circuler librement, sans lui demander d'où il vient, où il va, pourquoi il entre, pourquoi il sort ; ce qui, dans l'état actuel de la société, ne laisse pas d'être une oppressive nécessité ; et l'on pourrait se passer de police, ou du moins en avoir une moins active, moins coûteuse ; et, les tribunaux ayant moins de travail, on pourrait réduire le nombre des juges, et opérer ainsi des économies de tous les côtés.

La meilleure administration consiste à permettre au peuple le plus de liberté et d'égalité qu'il peut supporter, à maintenir l'ordre public, à assurer la tranquillité, la sécurité, les intérêts et l'existence des citoyens, et à procurer à tous les moyens de se nourrir, se vêtir et se loger.

CHAPITRE III.

De l'agriculture, du commerce et de l'industrie.

L'agriculture est le plus utile et le plus honorable
de tous les arts. Aussi était-elle en grande considération chez la plupart des nations de l'antiquité. Il
y eut même des peuples qui n'exercèrent et ne per-
mirent que cet art, outre celui de la guerre, et n'ad-
mirent au nombre des citoyens que les guerriers et
les agriculteurs.

Aucun travail n'est aussi pénible que celui de la
terre. La politique exige qu'on le déclare le plus
noble et le plus honorable ; car si vous ajoutez le
mépris à la peine du travail, les terres seront aban-
données, et la source de la nourriture sera tarie.

C'est le produit des terres qui nourrit le peuple,
forme l'objet le plus fréquent des spéculations commerciales, et la matière première de l'industrie des

manufactures. « La nourriture de l'homme constitue » non seulement le premier et le principal article des » richesses du monde ; mais c'est encore l'abondance » de cette nourriture qui donne à plusieurs autres » genres de richesses la plus grande partie de leur » valeur (1) ; » car à quoi serviraient l'or et l'argent, s'ils n'achetaient pas le produit de la terre, qui nourrit l'homme, et qui est par conséquent le premier de ses besoins. Pourquoi l'ouvrier fait-il des outils, des meubles, des tissus, si ce n'est pour acheter sa nourriture, qui vient de la terre ?

Si vous voulez donc que l'agriculture prospère, mettez l'ouvrier en position de pouvoir en acheter les produits. Plus il y aura d'ouvriers aisés, plus ils achèteront de revenus de la terre, plus le propriétaire pourra lui en faire produire, et plus sa position sera avantageuse.

Les capitaux les mieux employés sont ceux qu'on emploie à la culture des terres ; car ce sont les plus productifs, et les richesses qu'ils donnent sont les plus durables. Il ne faut donc pas gêner la culture de la terre, faire des lois qui puissent nuire à sa fécondité, l'empêcher de produire ce qui lui est le plus avantageux, en rendre l'exploitation plus coûteuse, et en grever le revenu par des charges trop pesantes.

J'ai déjà dit que les grandes propriétés nuisent à la fécondité des terres : on les cultive mal, quand on en a une grande étendue ; on en sacrifie une grande partie à de vains plaisirs, à de misérables agréments

(1) Adam Smith

de luxe ; c'est autant d'enlevé au travail et au revenu ;
le peuple reçoit moins de salaires, a une nourriture
moins abondante, et voit nécessairement augmenter
la quantité des indigents. « Partout où il y a de
» grandes propriétés, il y a une grande inégalité de
» fortunes ; pour un homme très riche, il faut qu'il
» y ait au moins cinq cents pauvres ; et l'abondance
» où nagent quelques-uns, suppose l'indigence d'un
» grand nombre ; l'abondance dont jouit le riche pro-
» voque l'indignation du pauvre, et celui-ci, entraîné
» par le besoin et excité par l'envie, cède aux désirs
» de s'emparer des biens de l'autre (1). » Les petites
propriétés seraient aussi nuisibles et plus ruineuses
que les grandes : s'il se faisait, par exemple, un partage des terres entre tous les citoyens, il y en aurait
une grande partie qui serait donnée à des gens qui ne
pourraient pas la cultiver : il faut pouvoir prêter à la
terre : si l'on n'a pas de quoi acheter les instruments
d'agriculture, construire les bâtiments nécessaires à
l'exploitation, se procurer les semences, on ne peut
pas labourer, on ne peut pas semer, ni par conséquent récolter. La moyenne propriété est donc celle
qui féconde et améliore le plus la terre, qui en retire
les plus grands produits, qui procure les plus grands
avantages aux propriétaires, et qui est la première
et la principale source de la richesse des nations.

Il est injuste de défendre au propriétaire de faire
produire à ses champs la denrée qui serait la plus
lucrative. On ne peut pas, on ne doit pas lui dire,

(1) Adam Smith.

sans se rendre coupable d'une odieuse tyrannie : tu sèmeras tels grains dans ton sol et non pas tels autres ; tu planteras l'un de ces arbres et non pas l'autre ; tu mettras dans ta terre une racine et non pas l'autre. Ce n'est que dans les états despotiques que l'on peut tenir un tel langage à l'agriculteur. Cependant les peuples les plus civilisés tombent parfois dans ce misérable et détestable travers. La culture du tabac, par exemple, dont la feuille est maintenant d'un usage si général, qu'elle est devenue un objet de première nécessité, et serait par conséquent un produit très avantageux aux agriculteurs, la culture du tabac est défendue dans plus d'un royaume de l'Europe, et le gouvernement préfère l'acheter aux étrangers, à qui il en donne ainsi l'injuste monopole et dont il rend la nation tributaire, plutôt que d'en abandonner la libre culture au pays qui en retirerait un très grand profit. Ou bien on en permet la culture dans une ou deux provinces de l'état, auxquelles on accorde ce privilège qu'on leur fait payer par une telle surveillance, qu'elle est devenue une pesante servitude. Dans tous les cas, les gouvernements ont conservé le monopole de l'achat, de la fabrication et de la vente du tabac, ce qui est contraire aux principes les plus vrais de l'économie politique ; et il est probable que cette injustice ne leur est pas avantageuse : s'ils laissaient libres la culture et le commerce du tabac, la consommation augmenterait nécessairement ; et par conséquent la somme de l'impôt augmenterait aussi. « Que chacun soit libre de cultiver » dans son champ telles productions que son intérêt

» ses facultés, la nature du terrain lui suggèrent pour
» en tirer le plus grand produit possible (1).

Fixer un temps pour les semailles et les récoltes,
ordonner l'usage de certains instruments et la construction de certains bâtiments peut être onéreux
pour l'habitant des campagnes, et, dans tous les cas,
est pour lui une oppression. Forcer à transporter
les denrées par un chemin plutôt que par un autre,
est aussi une oppression. Fixer tel marché pour la
vente des denrées, en faire payer le mouvement suivant les distances et les stations est aussi une oppression. Laissez à l'agriculteur le plus de liberté
possible de rendre son travail le moins coûteux et
son revenu le plus lucratif qu'il pourra.

Ayez surtout en vue, dans les lois sur l'agriculture et dans l'administration de la campagne, l'intérêt du consommateur ; et faites tous vos efforts pour
que les terres produisent beaucoup , afin qu'elles
nourrissent et habillent à bas prix tous les citoyens
de la nation.

Le commerce est le grand enchanteur qui méta-
morphose les hommes et les états. Le pouvoir com-
mercial et industriel fait marcher le plus paresseux,
fait raisonner le plus stupide, et enseigne au plus
ignorant à calculer son intérêt, et à faire ce qui lui
est le plus avantageux ; il pousse les hommes à aller
au-devant les uns des autres , à se parler et à s'entendre ; il prend les habitants des points les plus

____

(1) Quesnay.

éloignés du globe, les rapproche, les met en présence, leur sert d'interprète à cause de la différence
de leurs langages, et leur montre leurs intérêts pour
les mettre d'accord et les unir ; il élève les nations
barbares comme un bon précepteur élève des enfants ; il les nourrit, comme la sève nourrit les
plantes ; il les fait croître, comme la chaleur et l'hu-
midité font croître les arbres ; il les rend fortes et
vigoureuses, et multiplie leurs citoyens, comme un
sol fertile rend les arbres forts et vigoureux et leur
fait étendre au loin leurs rameaux. C'est la puissance du commerce et de l'industrie qui renverse
les barrières placées entre les nations, guérit les
haines et les préjugés des peuples contre les peuples,
adoucit les mœurs, porte à la paix, rend les citoyens
plus actifs, plus habiles, plus justes en ce sens qu'elle
enseigne que toute chose a une valeur, et que, pour
acquérir cette chose, il faut l'acheter et non pas la
ravir ; c'est elle qui débarrasse des peuples de leur
superflu pour donner à d'autres le nécessaire, et
prend le superflu de ceux-ci pour porter le nécessaire à ceux-là ; c'est elle qui écoute les désirs, satisfait les caprices, donne des jouissances nouvelles
ou plus abondantes, apporte de nouveaux plaisirs et
procure des douceurs inconnues.

Encouragez donc le commerce, ou plutôt, ne le
gênez pas inutilement ; laissez-le se développer, s'é-
tendre et se fortifier en liberté, sans permettre cependant qu'il en abuse. « La liberté du commerce
» n'est pas une faculté accordée aux négociants de
» faire ce qu'ils veulent ; ce serait bien plutôt sa

» servitude (1). » Respectez ses droits, à condition qu'il se soumette à ses devoirs.

Donnez des prix aux meilleurs ouvriers, et de grandes récompenses aux inventeurs des moyens propres à diminuer le travail pour la même quantité de marchandises, et à augmenter le produit pour ne pas diminuer le nombre des ouvriers, mais au contraire pour l'augmenter, et à ceux qui font de nouveaux ouvrages, perfectionnent les anciens, agrandissent l'industrie et ouvrent de nouveaux débouchés.

Favorisez surtout le commerce intérieur, et faites qu'il suffise aux besoins de la consommation, c'est-à-dire, qu'il nourrisse, habille et loge tous les citoyens. Tâchez de faire produire à la terre une grande quantité de matières premières, et aux manufactures, des ouvrages aussi nombreux et aussi parfaits que possible.

Mais il ne faut pas négliger le commerce étranger. Loin de là, il faut l'étendre et le multiplier, car les capitaux resteront improductifs s'ils dépassent les besoins de la consommation intérieure, une trop grande concurrence s'établira, il n'y aura ni bénéfice ni intérêt, et les produits du travail resteront invendus et se perdront; tandis qu'en étendant le marché, on fournira un débouché à tous les produits qui se vendront avec facilité et profit, et donneront le désir et les moyens de produire davantage.

Rapprochez donc, par le commerce, les distances

____

(1) Montesquieu

qui séparent les peuples ; sortez de chez vous ; parcourez les mers et échangez les produits de tous les climats avec les habitants de toutes les zones ; et plus vous irez loin et plus vous visiterez de pays, plus votre prospérité augmentera, plus il y aura de travail chez votre nation, plus il lui produira et plus elle sera riche et heureuse. Portez vos marchandises chez les autres peuples, et rapportez les leurs à votre peuple ; prenez les marchandises d'une nation pour les porter à une autre. Unissez-vous ainsi à toutes les nations, et unissez-les ensemble par les liens de l'intérêt et de la confiance.

Ne vous laissez pas entraîner cependant par votre imagination ardente, et que votre enthousiasme ne vous jette pas dans les spéculations fausses et ruineuses. Calculez bien avant d'entreprendre des affaires avec les étrangers, posez bien vos chiffres et assurez-vous bien des chances du succès ; et, quand votre opération commerciale sera terminée, établissez vos comptes et voyez si la balance est en votre faveur. Si vous la trouvez favorable, c'est un encouragement à continuer comme vous avez commencé, et si elle est défavorable, c'est une preuve que vous avez mal opéré, et vous devez corriger vos erreurs.

On veut la liberté du commerce, et certes c'est une idée grande et généreuse qu'on ne saurait blâmer ; mais il ne faut pas l'accorder entière et absolue ; car les négociants, libres de faire ce qu'ils voudraient, pourraient sacrifier l'intérêt général à leur intérêt particulier, et se tromper même sur leur intérêt particulier, et entraîner toute la nation dans une ruine qu'elle n'aurait pas prévue, et dont elle n'aurait plus le temps de se garantir. Le commerce, livré aux caprices des particuliers, est souvent un jeu, et un jeu très dangereux où l'on peut tout perdre, si l'on joue mal; la nation intéressée doit donc surveiller et conseiller les négociants, comme ceux qui parient pour un joueur le surveillent et le conseillent pour qu'il ne perde pas leur argent avec le sien, et qu'il gagne au contraire celui de son adversaire, et s'il joue mal, l'empêchent de jouer.

Il s'agit dans le commerce qu'on fait avec les étrangers de mettre la balance de son côté. Mais, pour connaître cette balance, il ne faut pas, comme le font ordinairement les gouvernements, qui ne pensent qu'à eux, ne considérer que les droits de douanes reçus ou payés à l'étranger; leur balance n'est pas toujours d'accord avec *la balance du commerce*. Il faut considérer la différence de la valeur de l'exportation et de l'importation, et suivant que la balance est en faveur de l'exportation ou de l'importation, la balance du commerce est favorable ou défavorable, et il faut continuer comme on a commencé, ou changer sa manière d'opérer, et laisser exister ou changer les traités.

« Un pays qui envoie toujours moins de mar-
» chandises ou de denrées qu'il n'en reçoit, se met
» lui-même en équilibre en s'appauvrissant ; il re-
» cevra toujours moins jusqu'à ce que, dans une
» pauvreté extrême, il ne reçoive plus rien (1). »

(1) Montesquieu.

» Le pays, dans les cargaisons duquel les mar-
» chandises nationales seront dans la plus forte
» proportion, et les marchandises étrangères dans
» la plus faible, sera toujours celui qui gagnera le
» plus (1). »

» Il faut n'avoir pas à donner de l'argent à la
» nation étrangère avec laquelle on fait le commerce.
» La balance serait inégale, les marchandises ne se
» trouvant plus soldées en marchandises, mais en
» or ou argent (2). »

On peut cependant continuer avec une nation un
commerce dont la balance serait défavorable, dans
le cas qu'il en coûterait trop cher pour avoir ailleurs
les marchandises nécessaires qu'on lui achète ; et
dans le cas encore que les marchandises qu'on lui
achète, exportées et vendues plus cher à une autre
nation, rétabliraient ainsi la balance.

Interdire l'introduction du produit d'une industrie étrangère parce qu'elle existe dans le pays, est
une absurdité, lorsqu'elle est peu productive et que
le travail qu'elle occupe pourrait être employé plus
avantageusement ailleurs, et acheter une plus grande
quantité du produit de l'industrie étrangère.

C'est une folie pour un gouvernement de donner
à une nation, à l'exclusion des autres, le monopole
de l'importation d'une marchandise, à moins qu'il
n'obtienne un pareil monopole chez cette nation.

» Encore moins un état doit-il s'assujétir à ne

(1) Adam Smith.
(2) Idem.

« vendre ses marchandises qu'à une seule nation,
« sous prétexte qu'elle les prendra toutes à un cer-
« tain prix (1). »

N'excluez aucune nation de votre commerce, et
ne vous engagez avec aucune, à l'exclusion des
autres ; mais faites le commerce avec toutes les nations en concluant avec elles des traités avantageux
à vos intérêts.

Si vous voulez, comme vous le devez, mettre la
balance du commerce de votre côté, il faut, par tous
les moyens possibles, que vous rendiez vos produits
bons, utiles, parfaits, autant qu'il est permis à l'impuissance de l'homme, et que vous produisiez à bon
marché, afin de pouvoir vendre aussi à bon marché.
Inventez des machines qui abrègent votre travail,
augmentez vos produits en augmentant le travail,
perfectionnez les produits, et l'or vous arrivera de
toutes parts, et votre commerce avec les autres nations sera toujours à votre avantage. « Si deux pays
» excellaient chacun dans un genre particulier de
» manufacture, les métaux précieux ne pourraient
» affluer plutôt vers l'un que vers l'autre ; ce qui
» arriverait infailliblement aussitôt que l'un des
» deux aurait sur l'autre une supériorité décidée
» d'industrie (2). »

Mettez votre législation au niveau des besoins du
commerce, ne le gênez pas injustement, et prenez
bien garde d'empêcher son extension. Il faut que

(1) Montesquieu.
(2) Ricardo.

les douanes retirent leurs droits à l'exportation et à l'importation des marchandises ; car il est néces saire que le commerce paie son impôt comme l'agriculture ; mais il ne faut pas qu'elles le gênent par des délais, des visites minutieuses, et des vexations de toutes sortes. L'expédition aux douanes doit être prompte, facile, complaisante ; et il vaut mieux être trompé quelquefois que de diminuer le commerce par des vexations : les douanes y gagneront plus qu'elles n'y perdront.

Les restitutions de droits sont bonnes lorsqu'il y a surabondance d'une marchandise pour la consommation, et quand le commerce étranger qu'on fait avec elle est avantageux.

Les primes ne sont utiles que pour un commerce qui promet d'être avantageux dans peu de temps.

Le gouvernement et les fonctionnaires ne doivent pas faire le commerce, faites une loi qui le leur défende.

Faites des lois chez vous et des traités avec les nations étrangères, qui ordonnent que, dans tous les temps, dans tous les lieux, dans toutes les circonstances, les marchandises seront respectées, et que, sous aucun prétexte, il ne sera porté atteinte aux personnes et aux propriétés des marchands et des industriels. « La plus sacrée et la plus invio- » lable de toutes les propriétés est celle de sa propre » industrie, parce qu'elle est la source originaire » de toutes les autres propriétés (1). » — « Une » plus grande certitude de sa propriété fait tout en-

____

(1) Adam Smith.

» treprendre, et parce qu'on croit être sûr de ce
» qu'on a acquis, on ose l'exposer pour acquérir
» davantage (1). »

Favorisez le commerce de toutes les manières,
mais ne lui sacrifiez pas la morale et les beaux-arts;
donnez-lui toute la liberté qu'il pourra supporter,
mais faites céder son intérêt à l'intérêt politique;
faites tout ce que vous pouvez pour sa sécurité et sa
prospérité, mais jamais aux dépens de la sécurité
et de la prospérité de l'état; ayez soin de son bonheur, mais soignez encore plus le bonheur général.

(1) Montesquieu.

CHAPITRE IV.

Des travaux publics.

J'aime un pays où la campagne est plus belle
que les villes ; où les terres, fertiles et bien culti-
vées, sont traversées par des routes solides et propres, où roulent les voitures et les charrettes sans
s'embourber ; où les chemins, bordés d'arbres om-
brageux, sont parfaitement entretenus ; où des canaux, longs et larges, réunissent des mers et des
fleuves, et portent les marchandises d'un lieu au
lieu le plus éloigné, en les répandant dans l'intervalle de ces deux lieux aux deux côtés de leurs rives ;
où des ponts nombreux, plus durables qu'élégants,
jetés sur des fleuves et des torrents, facilitent la rapidité et la sûreté des transports ; où des chaussées
préservent les terres des envahissements de la mer
ou des inondations des fleuves, ou forment des

routes plus égales et plus unies en des lieux où les pentes eussent été pénibles et dangereuses. J'admire avec le plus grand enthousiasme un pays où il n'y a ni marais, ni eaux bourbeuses stagnantes, ni fondrières, ni terres en friches ; où les carrières et les mines s'exploitent avec activité pour la construction des maisons, le chauffage et tous les besoins du commerce et de l'industrie ; où les ports et les rades contiennent de nombreux vaisseaux et une grande quantité de navires, et les mettent à l'abri des vents et des orages ; où enfin les travaux publics ont établi partout des communications promptes et agréables, soit pour se voir, soit pour s'entendre par correspondance, et ont favorisé partout la salubrité et l'abondance.

J'aime une ville où il y a beaucoup plus de belles maisons que de monuments ; où les rues sont larges, bien alignées et bien nivelées ; où les places publiques sont spacieuses et capables de contenir de vastes marchés ; où les promenades sont belles d'arbres magnifiques, et admirables de propreté ; où les arsenaux, les casernes et les établissements publics, nécessaires pour la défense de la société, sont très solidement bâtis et remplissent parfaitement leur but ; où tout est propre et commode ; où tout luit, mais sans éclat, sans luxe inouï, sans prodigalité.

Que faut-il dans une capitale ? Il faut des temples d'abord et avant tout, le palais du roi, les deux palais du Parlement, le palais de justice, le palais des académies et de l'instruction publique, le palais du commerce, les maisons modestes des ministres,

des casernes, des arsenaux, des théâtres, des hôpitaux et des prisons. S'il y a plus d'édifices publics,
c'est de la prodigalité; s'il y a un grand nombre de
palais, il y aura un grand nombre de baraques; si
l'or et le marbre y luisent trop, il y aura de la boue
et de la fange; s'il y a trop de choses pour exciter
l'admiration et l'enthousiasme, il y en aura beaucoup
pour exciter la pitié et le dégoût. J'aime mieux voir
l'homme du peuple bien vêtu et joyeux, assis sur
la pierre, que de le voir couvert de haillons, misérable, triste et sombre, appuyé sur une colonne de
marbre; j'aime mieux une capitale qui contient une
population heureuse, que celle qui renferme de
splendides monuments.

Il faut bâtir un édifice pour y donner des amuse-
ments au peuple.

Il ne s'agit pas de multiplier les hôpitaux, il s'agit
bien plus de mettre le peuple en position de n'en
avoir pas besoin.

Les monuments pour les grands hommes ne doivent pas être coûteux; il leur suffit d'une place pour
leur tombeau, ou de leur nom inscrit au lieu con-
sacré au mérite, ou d'une simple statue sur une
place publique. Que leur faut-il de plus? Ne vivent-
ils pas dans l'histoire et l'admiration des hommes?
Un monument de cent mille francs ajoutera-t-il à la
gloire d'un grand guerrier, d'un sage législateur ou
d'un sublime poète?

Les monuments de pierre ou de marbre pour ceux
qui ne les ont pas mérités déshonorent ceux qui les
ont élevés et ceux pour qui ils ont été élevés : l'his-

toire montrera que ce sont des monuments menteurs. « L'imprimerie a été découverte pour qu'on
» ait foi dans les écrits plus que dans les monu-
» ments de pierre et de marbre (1). »

Songez à l'utile avant de penser à l'agréable; fi-
nissez les travaux commencés avant d'en commencer d'autres; enlevez ce qui dépare vos palais, dé-
gagez-les de ce qui en gâte l'aspect, avant d'en bâtir
d'autres; faites disparaître tout ce qui est ignoble et
dégoûtant, avant de vous occuper de constructions
de luxe.

Faites des travaux de grande utilité, et ne prétendez à la reconnaissance que lorsque vous aurez
rendu de véritables services. « Le marbre élèvera
» vos titres tant qu'il vous plaira, pour avoir fait
» réparer un pan de mur ou nettoyer un ruisseau
» public, mais non pas les hommes de bon
» sens (2). »

Ayez de nombreuses fontaines, qui donnent une
quantité d'eau suffisante pour satisfaire la soif du
peuple et nettoyer les rues.

Occupez-vous surtout des grands travaux utiles
à toute la société; faites des canaux, des chemins
de fer, des ponts, qui favorisent le commerce et
l'industrie, en rendant les relations plus promptes
et plus fréquentes, et les transports plus accélérés,
ou plutôt, laissez-les faire par des compagnies d'actionnaires. Il ne manquera pas de s'en présenter,

(1) Leibnitz.
(2) Montaigne.

si les lois, les ordonnances, l'administration, les traités ont augmenté les produits et leur ont ouvert de nouveaux débouchés, et s'il est évident pour tous que les entreprises qui faciliteront les transports, doivent faire de grands bénéfices. Mais ne vous laissez pas tromper par ces compagnies; imposez-leur la condition que les travaux seront commencés et terminés dans un délai fixe, et faites des lois très sévères contre leurs gérants, et surveillez attentivement leurs travaux, pour que les actionnaires ne soient pas trompés, et surtout que la sûreté publique ne soit pas compromise.

Honorez cependant les architectes qui font les bâtiments riches et somptueux qui ne sont pas absolument utiles, mais qui plaisent à la vue et satisfont l'amour-propre d'un peuple, et les sculpteurs et autres artistes qui contribuent à l'embellissement des villes et des palais. Encouragez et récompensez leur art, et engagez les riches à le mettre à profit et à le payer magnifiquement. Un riche s'honore lui-même et s'enrichit, quand il honore et enrichit les beaux-arts. Et quand votre gouvernement aura payé ses dettes et fait des économies, lorsqu'il aura terminé les travaux utiles, et soulagé le peuple du poids de la misère, vous devez l'engager à donner du travail aux artistes, et à employer son épargne en monuments de luxe et d'éclat.

Et que vos monuments soient durables, afin que vos petits-enfants ne soient pas forcés de renouveler vos dépenses; que vos palais et vos statues ne soient pas faits avec une pierre molle et poreuse, mais

choisissez la pierre la plus dure pour vos constructions, et le marbre ou le métal pour vos statues; et
vous serez sûrs alors que la postérité aura pour
vous de la reconnaissance, et ne vous accusera
pas d'avoir été de vils égoïstes, qui n'avez pensé
qu'à vous.

CHAPITRE V.

De l'armée.

Les nations anciennes n'avaient guère que des milices ; les peuples modernes ont en général des troupes réglées. Les plus sages ont des milices ou gardes nationales et des troupes réglées : c'est là certainement le meilleur des systèmes.

La garde nationale fait le service avec les troupes de ligne pendant la paix ; elle garde l'intérieur, quand la paix en fait sortir les soldats.

Dans un état d'une grande étendue et d'une forte population, la garde nationale se compose de tous les citoyens de vingt-et-un à cinquante ans, payant un impôt pour leur propriété ou leur industrie, et ne travaillant pas, moyennant salaire, sous les ordres d'un maître. Dans un état de faible étendue et population, on peut prendre les citoyens de dix-huit

a soixante ans , sans condition d'impôt ou d'indépendance, sans exception aucune.

Les troupes de ligne se recrutent parmi tous les
citoyens de l'âge déterminé par la loi, et c'est le sort
qui désigne les soldats.

Les amis de l'égalité ne voudraient pas que le
riche pût se faire remplacer. Ils ont raison pour un
pays où la population est petite, où il n'y a pas
de pauvres ; mais dans un grand état, où l'inégalité
des fortunes est trop grande, tout ce qui tend à verser sur le peuple un peu de la fortune du riche, et
à donner une occupation à l'homme du peuple, est
bon et utile. Ce que reçoit le remplaçant est autant
qui passe de la classe riche à la classe pauvre. Ac-
cepter un remplaçant, c'est donner du pain et du
travail à une personne indigente et oisive, c'est recevoir un homme robuste pour un homme énervé
par le luxe, un individu habitué à l'obéissance pour
un individu insubordonné. L'armée et la société ne
peuvent qu'y gagner.

Les étrangers ne peuvent pas former l'armée ni
un corps d'armée : ils ne peuvent convenir qu'à un
tyran. Le pouvoir qui en disposerait pourrait en
abuser contre le peuple. « Pour que celui qui exé-
» cute ne puisse pas opprimer, il faut que les armées
» qu'on lui confie soient peuple et aient le même
» esprit que le peuple (1). »

La garde nationale et l'armée dépendent du pouvoir exécutif. Il ne saurait y avoir aucun danger

____

(1) Montesquieu.

pour les libertés nationales, quoiqu'il soit très vrai généralement que celui qui est maître de la force armée est maître des lois. Dans notre siècle où les idées libérales sont si profondément gravées dans le cœur du peuple, il n'est pas douteux que la garde nationale n'obéirait pas à celui qui voudrait l'employer à augmenter son pouvoir aux dépens du peuple ; et il est fort douteux que l'armée obéît, car elle comprend maintenant qu'elle est aussi le peuple ; que, si elle combat contre le peuple, elle combat contre elle-même ; que, si elle verse le sang du peuple, c'est son propre sang qu'elle verse ; que, si le peuple est vaincu, c'est elle-même qui est vaincue ; que, si le peuple est chargé de chaînes, c'est elle-même qui en sent le frottement rongeur sur ses chairs ; et que, si le peuple meurt, c'est elle-même qui meurt.

Les lois doivent être combinées de telle manière que, ni la puissance législative, ni la puissance exécutive ne puisse se servir des corps armés pour en abuser.

Les gardes nationaux peuvent faire présenter des pétitions aux pouvoirs qui gouvernent, mais ne peuvent pas se mêler autrement du gouvernement. Les soldats ne doivent pas avoir le droit de pétition.

La constitution doit défendre au roi de commander les armées, pendant la guerre, en qualité de général en chef.

Le pouvoir législatif fixe la solde de la troupe de ligne ; et le pouvoir exécutif ne peut pas l'augmenter sans l'autorisation du pouvoir législatif. Il est

trop facile maintenant de se faire des partisans avec
de l'argent.

Une loi doit fixer la quantité d'hommes armés qu'il
y aura dans chaque ville, d'après sa population, et
défendre surtout qu'il y ait ou qu'on appelle dans
la capitale, sans une nouvelle loi, un nombre de
soldats supérieur à celui limité par la loi.

La subordination doit être grande et la discipline
sévère à l'armée; et il faut éviter avec grand soin de
lui laisser connaître sa force, parce qu'elle en abuserait.

Une armée trop nombreuse pendant la paix est
un pesant fardeau pour la nation. On ne saurait plus
mal employer les revenus publics, puisque cet emploi est entièrement improductif.

Dans un pays qui n'est pas bien peuplé, il est bon
que le soldat travaille en temps de paix : il ne le
peut guère dans un pays bien peuplé. Cependant il
serait bon qu'il travaillât; mais il faudrait un gouvernement habile, capable d'étendre le marché du
commerce, et de diriger le travail des soldats, afin
qu'il ne nuisît pas au travail des autres citoyens.

Ayez peu de fortifications. Le courage et le grand
nombre des armées suffisent pour défendre le pays
contre les ennemis qui voudraient l'attaquer.

Les fonderies fournissent-elles un grand nombre
de canons? les manufactures d'armes fournissent-
elles un grand nombre de fusils? les arsenaux sont-
ils bien remplis de munitions de guerre? vous n'a-
vez rien à craindre : c'est là qu'est la puissance des
nations modernes. La guerre se fait moins avec des

hommes qu'avec des armes, et la nation riche, en numéraire surtout, qui peut avoir la plus grande quantité d'armes, peut braver les soldats innombrables, mais mal armés, des nations pauvres.

Perfectionnez vos moyens de transport, afin que, au premier signal, soldats, munitions et provisions de guerre soient transportés rapidement du centre et de la partie la plus éloignée de l'empire à la frontière menacée.

Pendant la guerre, l'armée aura un chef, un chef unique et bien choisi, placé là par son mérite généralement reconnu et non pas par la faveur. Le crime le plus odieux dont un gouvernement soit coupable, c'est celui de compromettre, par un mauvais choix, l'armée et l'état.

Que le général en chef soit libre d'agir suivant les temps, les lieux et les circonstances qu'il est seul apte à apprécier. Des plans de campagne envoyés des bureaux, sont la perte des batailles et la ruine des expéditions.

Il convient que l'administration de la guerre soit distincte des corps combattants. Le chef de l'administration de l'armée correspondra directement avec le ministre, quoique tenu d'abord de suivre les ordres du général en chef qui peut seul connaître les besoins de l'armée, subordonnés à ses projets et à ses plans de campagne.

Il est imprudent de laisser longtemps au même chef le commandement des armées. Il peut en abuser contre le principe monarchique ou démocratique.

ou contre tous deux et usurper. Il est sage de le changer à chaque campagne.

Les dilapidations qui se font aux dépens des armées et le pillage en pays étranger sont des crimes
honteux, qui déshonorent ceux qui s'en rendent coupables. Le général en chef, qui les commet ou même
les autorise, mérite d'être destitué et sévèrement
puni. La nourriture et l'habillement des soldats est
ce qu'il y a de plus sacré. Les particuliers des nations
étrangères ne sont point nos ennemis, et c'est une
infamie de les piller : les soldats sont des guerriers
et non pas des brigands.

Les fonctions militaires et diplomatiques doivent
être toujours séparées. Le général en chef conclut un
armistice ; et là s'arrête son pouvoir. S'il pouvait
traiter de la paix ou de la guerre, il pourrait consulter
beaucoup trop ses intérêts ou ses penchants, et con-
clure la paix, lorsqu'il serait avantageux à la nation
de continuer la guerre, et rompre les négociations et
recommencer les hostilités, lorsqu'il conviendrait
de faire la paix. La diplomatie exige un plénipoten-
tiaire particulièrement chargé de ce soin.

L'ancienneté donne un droit d'avancement ; le
mérite est le meilleur de tous les droits ; la faveur,
qui n'est fondée ni sur l'ancienneté ni sur le mérite,
est la plus révoltante des injustices.

Que le soldat soit bien nourri et bien vêtu ; que
les hôpitaux et les ambulances soient bien organisés ;
afin que le défenseur de la patrie ait tous les soins
qu'il mérite.

La profession militaire est honorable et grande.

C'est un beau devoir d'exercer le droit de défense. Il est beau d'être le soutien de la tranquillité et de la liberté de son pays. Une armée qui s'avance vers un injuste agresseur, pour la plus juste des guerres, la défense de la patrie, pleine de courage et d'ardeur, mérite d'être louée et applaudie. Une armée qui a vaincu l'ennemi, l'a chassé du territoire national, l'a refoulé chez lui, lui a pris ses armes et ses drapeaux, doit être bien accueillie à son retour : on doit aller au-devant d'elle avec des couronnes, lui préparer une arrivée triomphale, la remercier de ses actions, la conduire dans les temples pour prier Dieu de verser sur elle ses plus grands bienfaits ; et des récompenses doivent être accordées aux officiers et aux soldats qui se sont distingués.

C'est ainsi qu'on entretiendra chez eux le courage, l'enthousiasme patriotique, et le désir ardent d'être utiles à la nation.

CHAPITRE VI.

De la marine et des colonies.

Par quelle criminelle erreur un citoyen ose-t-il
condamner sa nation à n'être qu'une puissance con-
tinentale, tandis qu'elle a tout ce qu'il faut pour être
une puissance maritime, et posséder d'opulentes
colonies? Un peuple qui a assez de ports, d'hommes
et d'argent, peut armer des flottes nombreuses, et
promener son pavillon sur toutes les mers sans
crainte d'attaque ou d'insulte; et s'il ne le fait pas,
c'est qu'il est mal gouverné.

Il serait indigne d'être reconnu pour intelligent et
courageux le peuple qui, possédant tous les moyens
de conquérir l'empire des mers, y renoncerait sottement et lâchement.

Je dis trop : car une nation vertueuse n'a pas la
volonté de dominer sur toutes les autres, et ne con-

çoit pas plus le désir de conquérir toutes les mers,
que d'être maîtresse de tout un continent : elle craint
même de devenir toute-puissante sur l'Océan, parce
qu'elle se défie de cet orgueil que donne l'empire des
mers, et de cette fierté qu'alors rien ne borne, et qui
se croit permise une immense insolence, parce que
sa domination s'étend sur l'immensité de l'Océan.
Une nation sage et prudente, ne doit pas supporter
qu'il y ait une nation qui lui soit supérieure ; et son
courage doit la faire rougir de trouver un maître
quelque part. Un peuple, qui a de la sagesse, de la
noblesse et de la dignité, veut être partout l'égal de
tous les peuples ; et, sans prétendre à dominer, il
ne veut en aucun lieu plier sous la domination d'un
autre.

Alors, si à terre il ne craint aucun peuple, il emploie son intelligence et sa richesse à devenir assez
fort sur la mer pour être le rival du plus fort. Il fait
de grands travaux à ses ports pour les rendre assez
grands et assez sûrs ; il construit des vaisseaux ; il bâtit
de grands arsenaux, et les remplit de munitions nécessaires à la marine ; et il forme de nombreux et
bons marins.

Ce n'est pas à bord des vaisseaux comme à terre
où le plus riche, qui a pu acheter le plus de poudre,
de plomb, de fer et de canons, est le plus puissant.
Dans la marine il faut bien aussi beaucoup de canons et de mortiers, mais il faut surtout des hommes
et de l'habileté. Un peuple qui veut être fort et puissant sur les mers, doit donc former de nombreux et
habiles marins.

Il encourage donc le commerce où se forment les marins; il fait parvenir le marché jusqu'aux pays les plus lointains. Il y gagne doublement ; car son commerce, devenu riche et florissant, enrichit la nation, et lui donne de l'or pour acheter des vaisseaux et des armes, et lui forme et lui fournit, au besoin, des matelots robustes, habitués aux vents et aux orages, expérimentés et habiles.

Il achète, il se fait céder, il occupe des terres dans toutes les parties du globe; il établit des comptoirs, se ménage des points de relâche, et fonde des colonies.

Les colonies sont très utiles à une nation. Outre qu'elles sont nécessaires pour la marine, elles étendent le commerce, fournissent un débouché pour l'excès de la population, des terres abondantes et fertiles, un travail plus lucratif, un accroissement d'industrie, plus de nourriture et plus de jouissances. « Les bons effets qui résultent naturelle-
» ment du commerce des colonies, est une circon-
» stance non seulement avantageuse, mais encore
» grandement avantageuse (1). »

Un peu d'habileté et de bonne volonté suffit à un gouvernement pour fonder et faire prospérer une colonie.

Il convient de laisser coloniser par des compagnies d'actionnaires; mais il ne faut pas leur laisser le gouvernement. « Le gouvernement d'une compagnie
» exclusive de marchands est peut-être, pour un

(1) Adam Smith.

» pays quelconque, le pire des gouvernements (1). »

Donnez aux colons des garanties de protection et de stabilité ; et, quand ils auront planté, ne leur donnez pas des craintes par vos incertitudes, et ne parlez jamais de renoncer aux colonies. « Il n'est » point de lâcheté plus criminelle et plus odieuse » que celle d'abandonner une colonie, après avoir » voulu ou souffert que les individus dont elle est » composée se détachassent de la métropole (2). »

Bornez le territoire de vos colonies, vous aurez besoin de moins de forces militaires pour le défendre. Entourez-le d'une ceinture de forts bien garnis d'armes et de soldats, et les planteurs pourront se livrer sans crainte à la colonisation.

Les colonies doivent être longtemps exemptes de tout impôt. Leur administration, leur défense coûteront beaucoup à la mère-patrie : les gens imprévoyants, les avares, les hommes à idées étroites, ceux qui ne pensent qu'à eux et non pas à leurs enfants, race d'individus la plus nuisible à l'état, la plus méprisable et la plus odieuse, ces gens-là, dis-je, crieront ; mais la postérité s'applaudira des sacrifices qui auront été faits pour les colonies naissantes, parce qu'elle en retirera, en avantages de tous les genres, mille fois le capital qu'on y aura employé.

Donnez vos lois à vos colonies pour qu'elles n'oublient pas qu'elles sont de la même patrie que vous.

(1) Adam Smith.
(2) Bacon.

Il serait injuste de leur en donner de plus tyranniques : ce serait agir en marâtre ; il serait utile, au
contraire, qu'elles en eussent de plus libérales ; l'autorité des conseils coloniaux doit être grande, et
les conseillers peuvent être élus par un nombre
d'électeurs proportionnellement plus grand que celui des électeurs qui nomment les conseillers de la
métropole ; car la basse classe de la population y est
aussi propriétaire ; et, la population n'étant pas si
nombreuse, tout le monde y trouve à vivre honorablement, et très peu de personnes y peuvent être
intéressées au désordre.

La liberté des colons et l'autorité du conseil co-
lonial sont nécessaires, parce que les agents du gouvernement de la métropole, éloignés de leurs chefs
auxquels les plaintes sont le plus souvent très lentes
à arriver, pourraient abuser de leur pouvoir, s'ils
ne trouvaient pas une opposition assez forte dans
la liberté des colons et le pouvoir de leurs conseillers.

N'introduisez pas dans les colonies les abus de
votre législation : ce serait une barbarie très impolitique. Donnez - leur ce que vous avez de bon, et
gardez-vous bien de leur donner ce que vous avez
de mauvais. Ce système peut fournir un moyen plus
facile de changer plus tard la législation de la métropole, parce qu'on ne manquerait pas de demander
ce changement, si l'on voyait les colons plus heureux précisément par le motif qu'ils n'auraient pas
à supporter les défauts de l'ancienne législation.

Les colonies doivent être représentées au parle-

ment de la métropole. « L'assemblée qui délibère et
» qui décide sur les affaires de chaque partie de
» l'empire, devrait certainement, pour être conve-
» nablement éclairée, avoir des représentants de
» chacune de ces parties (1). »

Regardez le commerce des colonies à peu près
comme un commerce intérieur, et par conséquent
comme un des plus utiles et des plus avantageux ;
et, quand elles ont atteint le point nécessaire de
prospérité, mettez sur leurs produits des impôts à
peu près pareils aux impôts des produits de la métropole.

Pour les produits similaires de la métropole et
des colonies, il convient de favoriser les uns et les
autres, sauf à mettre de forts droits sur les produits
étrangers de même espèce, et même à les prohiber,
si c'est nécessaire.

(1) Adam Smith.

CHAPITRE VII.

Des finances et du crédit du gouvernement.

Un bon gouvernement qu'éclaire l'esprit de sagesse et de justice, conforme ses dépenses à ses revenus ; gérant économe des biens de la nation, il fait un équitable emploi de ce qu'elle lui donne pour la protéger et l'administrer. Il ne se jette pas dans des guerres ruineuses, et ne fait pas d'onéreuses prodigalités aux solliciteurs avides qui l'entourent ; mais il maintient la paix qui est l'état où les dépenses sont moins fortes ; il n'a que le nombre nécessaire d'employés, et ne les paie que selon leur travail et leurs besoins. Il ne fait que ce qui est utile ; et alors il ne demande à la nation que les impôts indispensables à sa défense, à sa sûreté, à sa tranquillité, à sa prospérité et à son bonheur.

Il établit l'impôt d'une manière égale et certaine

pour qu'il n'y ait ni mécontentements ni plaintes. Il fait payer à chacun suivant ses facultés, de sorte que tout individu qui possède un objet quelconque imposé, a les mêmes obligations que tous ceux qui possèdent le même objet, et que chacun est tenu de payer l'impôt suivant la quantité, l'étendue ou la valeur des objets qu'il possède ou qu'il transporte, sans que personne puisse en être exempt, n'importe son rang, sa fortune ou sa condition, et se soustraire aux charges que lui prescrit la société.

L'impôt s'établit et se perçoit de la manière et à l'époque qui sont les plus commodes et les plus convenables pour le peuple.

C'est ainsi que devrait agir un gouvernement ; mais ce n'est pas ainsi qu'agissent généralement les gouvernements des nations modernes. Ne voyant qu'eux et rapportant tout à eux, ils demandent au peuple toujours plus qu'il ne peut payer, et conforment les impôts à leurs dépenses, et non pas leurs dépenses aux impôts.

Et cependant il serait si facile, avec de l'ordre et de l'intelligence, de régler les dépenses d'après les revenus, de manière à les balancer ; il serait même si facile de mettre la balance en faveur des revenus et d'opérer ainsi des économies, qu'il est inconcevable qu'un ministre ne sache pas le faire ; ce serait si juste, si équitable, si honorable, qu'il est révoltant qu'un ministre ne veuille pas le faire.

Il n'est pas jaloux de rendre le peuple plus heureux que le peuple voisin, mais d'avoir un budget aussi immense que le budget du peuple voisin ; et

il n'emprunte jamais des principes d'économie au peuple voisin ; mais il s'informe partout par quels moyens on peut lever les impôts les plus forts, et il se hâte de les mettre en pratique. « Il n'y a pas
» d'art qu'un gouvernement apprenne plutôt d'un
» autre que celui de puiser l'argent dans les poches
» du peuple (1). »

Dès qu'il y a des améliorations dans l'agriculture, le commerce et l'industrie, on en profite pour augmenter les impôts, sous prétexte que le peuple, gagnant davantage, peut donner davantage, et alors le peuple qui s'aperçoit que ses idées et son travail d'améliorations ne lui ont produit aucun profit, n'en occupe plus sa pensée et ses mains ; le découragement s'empare de lui ; et il laisse tout stationnaire, quand il ne le laisse pas décliner.

Si l'on consent à étendre un peu les libertés du peuple, on augmente les impôts, parce qu'on a appris que plus il est libre, plus on peut l'imposer. On reprend d'une main ce qu'on lui donne de l'autre. Ne pourrait-on pas lui donner la liberté sans lui faire payer ce bienfait ? Vous ne mériterez la louange que lorsque le peuple aura a liberté et une nourriture suffisante, que lorsqu'il sera libre et heureux.

Dès que l'on voit que les revenus dépassent un peu les dépenses prévues, on se creuse la tête pour trouver un emploi à cet excédant, et, l'emploi étant bientôt trouvé, on fait disparaître l'excédant ; et i

_____

(1) Adam Smith.

arrive ensuite qu'on demande des crédits supplémentaires, complémentaires, extraordinaires, qui procurent un déficit. Non, mille fois non ; ce n'est pas là de la science en finances.

Les emprunts sont le résultat ordinaire de cette conduite. Dans un moment de détresse où l'on avait besoin d'argent, et où l'on ne pouvait pas augmenter les impôts, on a inventé la dette perpétuelle, qui n'est qu'un impôt déguisé, moins onéreux pour le pauvre, il est vrai, mais qui tôt ou tard ruinera la postérité des rentiers.

Cela n'a pas empêché de revenir aux impôts, et de les faire croître constamment. Mais qu'en arrivera-t-il ? Pour échapper à l'impôt, on finira par ne pas vouloir posséder ; et c'est déjà ce qui arrive. Au lieu d'acheter des terres et de les faire valoir, on met son argent aux fonds publics ; et l'agriculture languit, ou du moins n'éprouve aucune amélioration, et certainement elle languira bientôt, et donnera de plus faibles revenus, et la nation s'appauvrira. Par la même raison, on ne voudra pas non plus faire le commerce, et la nation s'appauvrira de ce côté comme du côté de l'agriculture. Le gouvernement alors sera tout étonné de voir diminuer ses revenus, et, toujours aveugle sur les causes, il ne se doutera pas qu'il en est l'unique et funeste principe.

La dette augmente de son côté; et plus la dette augmente, plus augmentent les dépenses annuelles. L'intérêt de la dette finira par être aussi fort que les revenus ; alors il faudra doubler les impôts pour subvenir aux dépenses, s'il reste encore quelque chose à imposer. On marchera ainsi quelque temps jusqu'à ce qu'on ne trouve plus rien à imposer et à emprunter, jusqu'à ce qu'on n'ait plus ni argent ni crédit; et alors il faudra succomber. Ce n'est pas probablement la nation qui succombera, car les nations ne meurent pas toujours par cette cause; elle pourra courir de grands dangers; mais, dans tous les cas, il y aura une révolution.

Ne croyez donc pas qu'il soit avantageux qu'un gouvernement doive beaucoup à la nation, parce qu'elle est intéressée alors au maintien du gouvernement; c'est l'affectien des gouvernés et l'argent qui soutiennent un gouvernement, et les gouvernés l'aimeront toujours lorsqu'il aura été sage et économe, et ne les aura pas dépouillés pour faire de folles dépenses; et moins il devra, plus il aura de crédit, et plus on sera disposé à lui prêter et à le soutenir.

A la facilité avec laquelle les législateurs votent les impôts, on doit croire qu'ils pensent qu'ils ne pèsent que sur les consommateurs, comme on le leur a dit souvent; mais je les avertis qu'ils se trompent. L'impôt pèse sur tous, sur les capitalistes, comme sur les spéculateurs et les ouvriers. Quand la somme des impôts est trop forte, l'ouvrier a de la peine à vivre, le spéculateur voit diminuer son bénéfice et le capitaliste l'intérêt de son capital. Quand elle est exorbitante, l'ouvrier meurt, le spéculateur fait faillitte et le capitaliste mange son capital. C'est ce que savaient bien autrefois ceux qui étaient appelés à voter les impôts, et l'on n'a réussi à les faire consentir à de forts impôts qu'en leur donnant, gratuitement ou par des fonctions auxquelles on les a nommés, la plus grande partie du produit des impôts; peut-être est-ce la même cause qui produit aujourd'hui les mêmes effets.

Mais la nation se fâchera si vous persistez à marcher dans cette mauvaise voie. Je vous engage à vous en détourner et à suivre une meilleure direction. Diminuez les dépenses pour pouvoir diminuer les impôts, et établissez-les d'une manière juste et équitable.

L'impôt sur les marchandises est le plus avantageux à la nation, parce que le gouvernement est intéressé à favoriser le commerce.

Quand l'impôt suit les variations du revenu de la terre, le propriétaire a l'espoir qu'il sera encouragé et aidé par le gouvernement intéressé à ce que le revenu de la terre soit plus fort.

Quiconque ne possède pas et travaille pour le compte d'autrui, ne doit payer aucun impôt.

Quand une commune a souffert, on doit lui remettre l'impôt.

Les forts droits poussent à la fraude et à la contrebande.

Les impôts sur les objets de luxe conviennent, parce que si le pauvre a le bon esprit de se passer de ces objets, il échappe à l'impôt; mais il ne faut pas que l'impôt soit trop fort, parce que, dans ce cas, tout le monde se priverait de luxe, et l'état ne verrait rien entrer dans ses caisses.

Les peuples sont très intéressés à ce qu'il n'y ait point de guerres, parce que les gouvernements augmentent les impôts en temps de guerre, et les laissent exister ainsi, sous mille prétextes, quand la paix est revenue.

Les droits à la sortie des marchandises sont un impôt levé en partie sur l'étranger, et par conséquent le moins onéreux pour la nation.

Quand les droits sur les denrées et marchandises sont moins forts, en général la consommation augmente, et le produit des droits augmente aussi par conséquent. Ainsi le gouvernement y gagne au lieu d'y perdre.

Augmentez les produits de l'agriculture, du commerce et de l'industrie, et la somme des impôts augmentera nécessairement; et au lieu de penser à convertir les rentes, vous pourrez vous occuper à rembourser ou racheter le capital.

Vous vous vantez de la hausse des fonds publics, en disant qu'elle prouve une grande quantité de capitaux, et vous ne voyez pas qu'elle accuse votre administration! si l'agriculture, le commerce et l'industrie, fortement protégés et encouragés, s'accroissaient et s'étendaient dans toutes les directions; si, par vos soins, il y avait sûreté et profit à mettre des capitaux dans l'agriculture et le commerce; s'ils y rendaient six pour cent bien assurés, croyez-vous qu'on vînt les apporter aux fonds publics pour en retirer moins de cinq pour cent? Dites-donc qu'il y a accumulation de capitaux improductifs, parce qu'ils ne trouvent pas un bon et solide emploi, et reconnaissez qu'il doit y avoir gêne et souffrance dans quelques membres du corps social.

Si, en pareil cas, un gouvernement était assez habile pour donner de l'essor à l'industrie, augmenter les produits, étendre le marché, donner enfin un emploi avantageux aux capitaux, la conversion des rentes serait inutile ; elles tomberaient d'elles-mêmes bien au-dessous du pair, et les revenus du gouvernement augmentant par l'extension de l'industrie, il se trouverait en position de payer avec avantage une grande partie de sa dette. Mais s'il n'est pas assez habile, s'il se reconnaît incapable de faire hausser l'intérêt courant des capitaux, il faut nécessairement qu'il ait recours à la conversion ; car s'il continuait à appeler à lui les capitaux, ils se retireraient tous de l'industrie, les produits diminueraient, la somme des impôts diminuerait aussi, et le gouvernement se trouverait avec des revenus plus faibles et une dette plus forte ; il se serait appauvri, et aurait appauvri la nation.

Les gouvernements ne pensent pas assez à payer leurs dettes ; ils ont bien, en général, une caisse d'amortissement, mais ils ne s'en servent pas pour racheter des rentes ; et à la première occasion, ils peuvent s'en servir pour des dépenses inutiles, ou pour contracter de nouvelles dettes. « Un fonds » d'amortissement, quoique institué pour payer » des dettes anciennes, facilite extrêmement les

» moyens d'en contracter de nouvelles. C'est un
» fonds subsidiaire qu'on a toujours sous la main prêt
» à être hypothéqué pour venir au secours de quel-
» que autre fonds douteux, et sur lequel on se pro-
» pose d'emprunter de l'argent dans une nécessité
» publique (1). » A quoi bon un fonds d'amortissement? Employez, à la première bonne occasion, ce
fonds à payer une partie de la dette ; et dorénavant,
si vous faites des économies, gardez-vous bien de
les mettre en fonds d'amortissement, et employez-
les sans retard à payer ce qu'elles pourront de vos
dettes. Vous aurez moins de frais, et vous échap-
perez à la chance, inévitable autrement, de voir votre
gouvernement s'emparer de votre fonds d'amortissement pour une guerre injuste ou pour de folles
libéralités.

S'il était certain qu'un gouvernement ferait un
sage emploi de son revenu, il y aurait avantage à
ce qu'il fût banquier. Les bénéfices qu'il ferait ainsi
pourraient diminuer d'autant les impôts. Mais,
d'après ce que nous voyons, nous sommes loin de
pouvoir avoir cette confiance dans un gouvernement. Il est probable non seulement que les bénéfices de la banque passeraient en dépenses, mais
encore que le gouvernement abuserait de la faculté
qu'il aurait d'émettre des billets de banque (faculté
que personne ne pourrait guère restreindre ; car
les chambres législatives sont, en général, complaisantes et imprévoyantes), et cette émission trop

(1) Adam Smith

forte amènerait bientôt la dépréciation des billets de banque, et la nation en serait la victime. Empêchez donc que le gouvernement soit banquier, et formez le capital de la banque avec des actions et pour le compte des particuliers, afin qu'elle soit vraiment utile aux finances et au crédit de la nation.

CHAPITRE VIII.

Des finances et du crédit de la nation.

On confond presque toujours la richesse du gouvernement avec la richesse de la nation ; et cependant il y a une grande différence. Il est vrai que plus
la nation est riche, et plus son gouvernement doit
être riche ; mais le gouvernement peut être riche,
tandis que la nation est pauvre. Ainsi un gérant
d'une société de commerce peut recevoir une forte
somme pour ses appointements et les frais de ges-
tion et se faire de riches revenus, tandis que la
société de commerce fait de mauvaises affaires et
court à sa ruine. Cependant les résultats ne sont pas
pareils : le gérant d'une société de commerce, dès
qu'elle est ruinée, rassemble sa fortune et porte
ailleurs son industrie ; mais le gouvernement d'une

nation ruinée perd toutes ses ressources et succombe avec la nation.

Un gouvernement ne doit donc pas se laisser aveugler par sa prospérité présente. Il ne doit pas s'abuser, parce que de forts impôts, un grand mouvement de marchandises entrant et sortant avec de forts droits font entrer des fonds considérables dans les caisses. Ces impôts peuvent former la plus grande partie des revenus du contribuable; la grande activité du commerce peut ne présenter aucun résultat avantageux, et les droits qu'il paie peuvent comprendre plus que les bénéfices. Alors la nation court à sa ruine, et le gouvernement se trouvera tout à coup dans l'embarras.

De bons ministres ne regardent pas seulement le budget : ils sont assez sages pour ne pas s'y rapporter entièrement : mais ils interrogent les capitalistes, les spéculateurs et les ouvriers; et ils ne se rassurent que lorsqu'ils savent que les capitalistes ont un fort intérêt de leurs fonds, que les spéculateurs ont de forts bénéfices, et que les ouvriers ont du travail, sont bien payés de leur travail, et satisfont facilement à tous leurs besoins.

De bons ministres s'informent de l'état où sont les finances et le crédit de la nation, parce qu'ils savent bien que si le capital et les revenus de la nation sont forts, personne ne peut concevoir le moindre doute que les revenus du gouvernement ne soient forts aussi.

La grande quantité de numéraire ne prouve pas toujours la richesse de la nation : elle peut souvent prouver que le commerce est trop restreint, et qu'une partie des capitaux manque d'emploi. On doit alors ajouter au commerce existant un commerce d'une autre nature, et lui donner une grande extension ; le numéraire sortira alors, pour revenir augmenté des profits du spéculateur.

Ne vous effrayez pas toujours de voir disparaître l'argent, il peut être sorti pour acheter des marchandises étrangères ; les étrangers à leur tour viendront acheter vos produits, et vous rapporteront votre argent, ou, s'ils ne vous le rapportent pas immédiatement, ils vous le devront, et vous l'aurez plus tard.

Ne pensez donc pas tant à avoir beaucoup d'argent, qu'à avoir beaucoup de produits et à produire à bon marché. Vous pourrez alors vendre à bon marché, et l'or et l'argent étant chers chez vous, on se hâtera de vous en porter.

Quand la monnaie est d'une faible valeur, ce n'est pas toujours une preuve de la rareté des denrées et marchandises : c'est souvent une preuve d'un grand commerce, par conséquent d'une grande concurrence, qui fait hausser le prix des denrées et marchandises, et baisser celui de l'argent qui se trouve alors en très grande quantité.

Fondez le crédit de la nation par des produits abondants et de bonne qualité. Le crédit augmente le commerce ; car il l'entretient jusqu'au jour de l'échéance, intervalle de temps où il serait resté stationnaire, ce qui rend les spéculations commerciales plus promptes et moins coûteuses ; car, pendant tout ce temps, la marchandise serait restée en magasin où elle aurait eu un magasinage à payer, tandis qu'elle a voyagé d'un lieu à un autre, et souvent en plusieurs lieux, s'est vendue, et sa valeur en argent a pu rentrer dans les mains du spéculateur, qui s'en sert pour rembourser le capitaliste.

Le crédit augmente et produit souvent le profit du spéculateur et l'intérêt du capitaliste. « Le crédit » procure à celui qui manque de capitaux, la dispo- » sition des capitaux de celui qui ne veut pas ou qui » ne peut pas les faire travailler par lui-même. Il » empêche les valeurs capitales de demeurer oi- » sives (1). » De cette manière, il augmente le travail, et par conséquent les produits et leur valeur ; car le capital emprunté a servi à acheter des matières pre- mières, à les faire travailler et à les transformer en une marchandise qui a été envoyée souvent en un autre lieu pour être vendue : ce sont donc des spé- culateurs, des ouvriers, des voitures, des navires qui ont eu du travail par le moyen du crédit, et qui, sans lui, seraient restés oisifs et improductifs.

Si vous avez beaucoup de denrées et marchan- dises, vous aurez beaucoup de crédit, et vous n'aurez pas à envier l'argent des peuples voisins. Il viendra bientôt chez vous pour acheter vos marchandises ; et l'on vous en donnera même d'avance, à condition que vous fournirez des marchandises dans un temps déterminé, si votre probité et votre activité inspirent la confiance.

Si vous payez en argent les objets que vous achetez

(1) J.-B. Say

aux étrangers, au lieu de les payer en marchandises, vous manquerez bientôt de numéraire, et si le crédit n'est pas solidement établi, vous serez dans l'embarras ; si vous payez, au contraire, en marchandises, vous garderez votre numéraire pour la circulation intérieure.

Il faut peu de numéraire à une nation qui a du crédit : les lettres de change suffisent presque à son commerce.

Les lettres de change ont l'immense avantage d'éviter le transport de la monnaie, et d'en rendre l'usage presque inutile, et remplacent d'une manière plus commode et plus économique le numéraire qui est gênant et coûteux. Elles sont une sûreté pour l'argent; car elles contribuent beaucoup à le soustraire à la rapacité de ceux qui voudraient s'en emparer, gouvernements ou particuliers. Elles assurent même toutes les propriétés mobilières et immobilières ; car on peut vendre ces propriétés, et en faire passer la valeur partout où l'on veut par le moyen des lettres de change. Elles facilitent extrèmement les relations de commerce, mettent en rapport les hommes de toutes les provinces d'un état, les états de tout un continent, et les continents de toute la terre.

Ne laissez pas les capitaux s'accumuler inutilement, car l'intérêt de l'argent baissera. Si les capitaux s'accumulent, ils suivront la règle de toutes les marchandises qui diminuent de valeur en raison de leur abondance.

S'il est dû beaucoup à une nation, le change est

en sa faveur ; mais il peut y avoir des exceptions ; de sorte qu'il ne faut pas trop se fier au change pour savoir si une nation est créancière ou debitrice.

Ne pensez pas tant à avoir beaucoup d'argent qu'à avoir beaucoup de denrées et marchandises, le change sera en votre faveur.

Lorsqu'un pays a plus d'argent qu'il n'en faut pour la circulation intérieure, et que des raisons l'empêchent de sortir, le change est contre ce pays.

Faites que le spéculateur ait de forts bénéfices, et soyez sûrs que l'intérêt de l'argent augmentera. Si les profits de l'argent augmentent, l'intérêt doit augmenter ; s'ils baissent, il doit nécessairement baisser.

Évitez la guerre, car elle vous fera du tort à sa naissance, et vous en fera même à sa fin. « Une
» guerre qui éclate après une longue paix, ou une
» paix qui succède à une longue guerre occasionne,
» en général, une grande détresse dans le com-
» merce. Ces évènements changent considérable-
» ment la nature des emplois auxquels les capitaux
» étaient consacrés auparavant dans chaque pays;
» et pendant que le placement s'en fait de la ma-
» nière la plus profitable, d'après le changement
» des circonstances, il y a beaucoup de capital fixe
» dormant, et peut-être même entièrement perdu,
» et les ouvriers n'ont pas assez d'ouvrage (1). »

Ne prodiguez pas les bénéfices du commerce en

____

(1) Ricardo.

folles dépenses ; mais épargnez-les afin d'augmenter votre capital. « C'est la somme des valeurs épar-
» gnées et capitalisées qui fait la différence entre
» une nation riche et une autre qui ne l'est
» pas (1). »

Ce sont les économies faites sur les bénéfices de tous les capitaux, qui augmentent la consommation, satisfont les besoins et procurent des jouissances nouvelles. On est blâmable, lorsqu'on n'économise pas les bénéfices, et surtout lorsqu'on ne fait pas produire aux capitaux des bénéfices utiles. « Les
» capitaux tant fixes que circulants n'ont pas d'au-
» tre but ni d'autre destination que d'entretenir et
» d'augmenter le fonds de consommation : c'est ce
» fonds qui nourrit, habille et loge le peuple (2). »

Il faut créer une banque, ou rendre celle qui existe aussi utile et aussi profitable que possible. Par le moyen des banques, on peut consacrer une partie du numéraire à faire le commerce étranger ; et le produit de ce commerce augmente d'autant le revenu net du pays. Si elles ont trop peu d'extension, le profit d'une partie du numéraire est perdu. Un de leurs grands avantages, c'est de livrer à la circulation la partie du capital que les particuliers seraient obligés de garder improductive entre leurs mains pour parer aux demandes du moment. Elles augmentent donc le capital circulant de la nation et même le capital entier, sans lui coûter de nouveaux

1) J.-B. Say.

2) Adam Smith

frais, et doublent les moyens d'échange et ajoutent à leur promptitude et à leur facilité. Elles font tomber enfin l'usure et le taux exorbitant de l'escompte : elles sont donc utiles à la morale et aux intérêts matériels de la société.

Il ne devrait y avoir qu'une banque dans chaque état, laquelle établirait des succursales qui seraient tenues de lui rendre compte fréquemment de leurs opérations. De cette manière, la surveillance du gouvernement, qui est indispensable, serait plus sûre, plus facile et moins coûteuse, et la banque inspirerait plus de confiance. Quand il s'établit plusieurs banques, elles se nuisent mutuellement par leur concurrence, parce qu'elles cherchent par des moyens ruineux à attirer les affaires ; et, leur crédit devenant sujet à la hausse et à la baisse, ils s'établit sur leurs actions un infâme agiotage, et les faillites et banqueroutes en sont très souvent les conséquences assurées.

La banque ne doit pas dépendre du gouvernement, et encore moins faire ses affaires, lui emprunter ou lui prêter, parce qu'alors le gouvernement en abuse ou elle abuse du gouvernement, elle peut être compromise par lui ou le compromettre, et elle cesse alors d'être utile aux particuliers, et peut même leur être nuisible. Elle doit cependant être sévèrement surveillée par le gouvernement qui doit avoir constamment des agents auprès d'elle, et qui peut même l'administrer par ses agents, d'après des statuts donnés par lui et acceptés par les actionnaires. Ce n'est que dans le cas d'une extrême nécessité

que la banque et le gouvernement peuvent mutuellement se donner aide et secours, pourvu que la
chose publique n'en souffre pas.

Il faut une grande prudence dans l'administration
de la banque.

Quand l'émission des billets dépasse les besoins
de la circulation produite par les affaires du pays,
ils reviennent à la banque et lui occasionnent un
surcroît de travail et de dépense qui ne lui rap-
porte aucun profit. Cette trop forte émission peut
même effrayer le commerce qui s'en aperçoit dès
qu'il n'en trouve plus l'emploi, et peut courir à la
banque pour demander le remboursement non-seulement de l'excédant de l'émission, mais encore de
l'émission entière, et mettre la banque dans l'embarras de ne pouvoir rembourser ses billets, détruire
ainsi son crédit complètement et pour toujours, et
causer sa ruine irréparable.

En général, l'émission trop forte d'un papier-
monnaie d'un gouvernement, ou des billets d'une
banque a de graves inconvénients. « Le papier-
» monnaie ne pouvant avoir cours que dans le pays
» où l'émission en est faite, il ne saurait se ré-
» pandre dans d'autres ; le niveau de la circulation
» est détruit, et le change doit inévitablement de-
» venir contraire au pays où cet agent de la circu-
» lation se trouve en quantité excessive (1). »

Si le gouvernement émet un papier-monnaie en
trop grande quantité, ou laisse la banque émettre

____

(1) Ricardo.

trop de billets , la monnaie disparaît; et la nation ;
si la production n'est pas assez forte chez elle ,
n'ayant plus de quoi payer les marchandises étrangères, on ne veut plus lui en porter ou lui en vendre , le change est nul et le commerce est inter-
rompu.

Il ne faut donc pas donner un cours forcé au papier-monnaie , il ne doit pas valoir comme offre
légale de paiement, il ne convient pas qu'il soit à
terme , ni remboursable autrement qu'en argent ;
ces moyens sont bons pour en empêcher la trop
forte émission. La nécessité du remboursement en
métal ayant cours , est un des meilleurs moyens.
« L'expérience prouve que toutes les fois qu'un
» gouvernement ou qu'une banque ont eu la faculté
» illimitée d'émettre du papier-monnaie, ils en ont
» toujours abusé. Il s'ensuit que dans tous les pays
» il est nécessaire de restreindre l'émission du pa-
» pier-monnaie, et de l'assujétir à une surveillance,
» et aucun moyen ne paraît mieux calculé pour
» prévoir l'abus de cette émission , qu'une disposi-
» tion qui impose à toutes les banques qui émettent
» du papier, de payer leurs billets, soit en monnaie
» d'or, soit en lingots (1). »

Il ne faut pas non plus que la valeur des billets
de banque soit assez faible pour servir d'échange
entre le commerçant et le consommateur , parce
qu'alors ils resteraient à la circulation, et la banque
n'ayant plus à rembourser, pourrait être tentée de

____

(1) Ricardo.

se priver de son numéraire pour spéculer, et enlever au public cette garantie de remboursement; il est même probable qu'elle émettrait alors une trop forte quantité de billets. Il ne faut pas cependant que les billets soient d'une trop forte valeur, parce qu'on serait obligé de les rembourser trop souvent, ce qui causerait des frais inutiles.

Il est nécessaire d'exiger beaucoup de prudence dans les affaires que la banque fait avec le commerce. Elle ne doit pas prêter à long terme, même sur hypothèque; on ne saurait la blâmer de ne recevoir à l'escompte que les billets et lettres de change ayant trois signatures notoirement solvables. Elle fait bien de se défier de toutes signatures qui paraissent données réciproquement par complaisance et non pas pour achat de marchandises. Tout effet qui est reconnu simulé et fait seulement pour tirer de l'argent de la banque, doit être rejeté. Il est indispensable qu'elle surveille les grands spéculateurs, ceux qui enfantent de merveilleux projets et font d'immenses entreprises, et qu'elle refuse de croire à leur succès, et leur ferme tout crédit. Un établissement d'une nécessité si incontestable ne doit pas se compromettre.

On voudrait que les banques eussent toute liberté de s'établir en nombre indéterminé et de travailler comme elles l'entendraient, sans autre frein que leurs caprices et leurs fantaisies, comme on voudrait que toutes les branches de commerce eussent une liberté absolue et illimitée. Oui, sans doute, il faut de la liberté, et il en faut autant que l'homme peut en

supporter, mais il ne faut pas de l'excès dont il pourrait abuser, et qui perdrait les particuliers et la
société. « L'exercice de la liberté naturelle de quel-
» ques individus qui pourrait compromettre la sû-
» reté générale de la société, est et doit être res-
» treint par les lois dans tout gouvernement possible,
» dans le plus libre comme dans le plus despo-
» tique (1). »

L'essentiel est de produire le plus et le mieux
qu'on peut, et d'augmenter les richesses, afin que
les finances et le crédit de la nation soient en bon
état, et soutiennent et augmentent, quand ce sera
nécessaire, les finances et le crédit du gouvernement.

(1) Adam Smith.

CHAPITRE IX.

De l'éducation.

Les législateurs et les magistrats d'un état sont
tenus de s'occuper principalement de l'éducation :
c'est là l'essentiel. A quoi serviront les bonnes lois et
comment pourront-elles durer si la jeunesse n'est
pas formée à leur obéir et à les respecter ? Comment
les mœurs pourront-elles se maintenir pures si l'on
enseigne la corruption à la jeunesse ? Comment la
famille pourra-t-elle rester unie si la jeunesse n'est
conduite que par des motifs d'égoïsme ? Comment la
société pourra-t-elle conserver sa stabilité et garder
sa fortune , si la jeunesse permet que chacun retire
les pierres de l'édifice social pour en construire sa
maison , et établisse sa fortune avec les dépouilles
de la fortune publique ?

Il est donc indispensable qu'il y ait des lois propices à une bonne éducation, et qu'on les fasse exécuter.

Il est convenable que l'état, qui est plus intéressé que les particuliers à créer de bons citoyens, soit, autant que possible, seul chargé de l'éducation ; et l'université, qui dirige toutes les académies, les facultés, les collèges et les écoles, rendrait d'immenses services si elle était bien administrée. Les amis de la liberté prétendent que c'est un privilège odieux ; qu'ils interrogent donc l'histoire : ils y verront que c'est chez les nations les plus libres qu'on a le plus senti la nécessité que le gouvernement dirigeât l'éducation, et que les citoyens fussent élevés en commun. Qu'ils lisent les publicistes et philosophes dont l'imagination a formé les sociétés les plus libres et les plus parfaites : ils prescrivent tous de faire l'éducation en commun, et surtout d'en confier la direction au gouvernement.

Les gouvernements des grandes nations modernes ne peuvent guère empêcher l'éducation de la maison paternelle quand elle convient aux parents. C'est un malheur, car les parents gâtent presque toujours leurs enfants, dont, par faiblesse, il excusent tous les défauts. Les enfants élevés dans la famille ne sauraient respecter la religion qu'on ne leur enseigne pas, écouter leur précepteur qui n'est souvent à leurs yeux que le premier domestique de la maison. Ils ne sauraient surtout apprendre l'égalité, puisqu'ils sont portés à supposer qu'on les élève dans la maison parce qu'ils sont au-dessus des enfants des autres citoyens dont le contact les déshonorerait.

Des institutions particulières, soustraites à la surveillance du gouvernement, ne pourraient pas convenir à la société ; car on pourrait y professer des principes contraires aux lois et aux mœurs de la nation ; l'amour de la patrie pourrait y être tourné en dérision ; on pourrait y donner à la jeunesse des vices nuisibles aux particuliers, et contraires au bien de la société.

L'éducation doit donc être faite en commun et dirigée par le gouvernement, c'est le meilleur moyen d'apprendre à la génération qui s'avance l'égalité de tous les citoyens, l'affection qui doit régner entre eux, l'attachement qu'ils doivent tous avoir pour la patrie commune. C'est le moyen de connaître les dispositions de chaque individu et de les diriger de la manière la plus utile à la société ; c'est le moyen surtout de connaître les capacités et le caractère des individus qui sont destinés à remplacer les fonctionnaires actuels, et de les employer selon leurs capacités, et de les rejeter dans la foule s'ils ont toujours eu et ont encore un caractère vicieux. Parmi les personnes élevées chez leurs parents ou dans des institutions qui ne dépendraient pas de l'université, comment connaître celles qui peuvent être utiles ? On est sans cesse exposé à choisir l'ignorant, l'imbécile et le vicieux.

L'étude de l'histoire est très essentielle pour apprendre à s'y conduire d'après les exemples de ceux qu'elle loue et non pas de ceux qu'elle blâme ; mais il ne faut pas mettre entre les mains de la jeunesse les historiens qui louent les ambitieux qui se sont élevés par l'intrigue ou par la force, ont étouffé tout sentiment de charité, ont opprimé leur patrie, ont versé le sang de leurs concitoyens, ont ravagé les pays étrangers, et enfin ont mis en pratique cette détestable maxime que tout est permis pour conquérir le pouvoir dans sa patrie, et pour étendre sur tous les peuples la puissance de sa patrie.

On doit apprendre les mœurs, les coutumes, les religions, les lois des états de la terre et les avantages qu'on peut avoir à s'unir et à commercer avec eux.

Il est bon d'enseigner les sciences à la jeunesse, les mathématiques, la chimie, la physique, la rhétorique, l'astronomie, la physiologie; mais il est des choses encore plus utiles : « la science est un petit » et stérile bien au prix de la sagesse (1). »

Enseignez à la jeunesse les langues des peuples avec lesquels la nation a des relations d'amitié et de commerce. Enseignez-lui surtout la langue nationale et faites qu'elle la garde pure et non pas gâtée par cette recherche prétentieuse de notre temps et cette foule de mots nouveaux qu'une infinité de gens ne comprennent pas.

Il faut former le jugement plutôt que la mémoire, donner de la raison plutôt que de la science.

Ayez un collège où l'on enseigne les sciences morales et politiques, afin que vous sachiez où prendre des magistrats, des diplomates, des fonctionnaires et des ministres. Non pas que je dise qu'il ne fau-

____

(1) Charron.

drait les prendre que là, et que quiconque n'aurait
pas été à cette école ne pourrait remplir aucune
fonction ; car ce serait fonder un privilège nuisible
à l'état, comme il sera toujours nuisible à l'état
qu'un soldat, un matelot, un constructeur de navire, un conducteur des ponts et chaussées, qui est
capable, ne puisse pas devenir officier d'artillerie
ou de génie, officier de marine, ingénieur maritime,
ingénieur des ponts et chaussées, parce qu'il n'a pas
été à l'école. Des circonstances peuvent l'en avoir
empêché, et lorsqu'il montre de grandes capacités,
il serait absurde de se priver de ses talents. Ainsi
je dis que s'il se présentait un homme d'un grand
génie politique, d'une grande moralité, on devrait
le faire haut fonctionnaire et ministre, quoiqu'il
n'eût pas été à l'école des sciences morales et politiques ; mais je dis aussi qu'à mérite égal, on devrait donner la préférence à celui qui y aurait été
élevé. Je voudrais encore qu'on n'admît dans cette
école que ceux qui auraient montré un grand mérite dans les autres écoles, et auraient remporté les
premiers prix des hautes classes ; et qu'il n'y eût
aucune rétribution à payer, afin que toutes les fortunes pussent y être admises.

Les gouvernements n'ont pas à penser seulement
à l'éducation de la jeunesse, et d'une partie seulement de la jeunesse, et à étendre le domaine des
sciences. « Il s'agit cent fois moins d'augmenter la
» lumière, que de la répandre plus également (1). »

(1) Bacon.

Il faut donner de l'instruction aux enfants du peuple aussi, et au peuple lui-même, qui n'est qu'un grand enfant, et il faut former son cœur et sa conscience.

Donnez au peuple de bonnes maximes : Enseignez-lui l'amour de la patrie et d'une sage égalité. « Quand le peuple a de bonnes maximes, il s'y tient « plus longtemps que ce qu'on appelle les honnêtes » gens.— L'amour de la patrie conduit à la bonté des » mœurs, et la bonté des mœurs mène à l'amour » de la patrie. — L'amour de l'égalité borne l'ambi- » tion au seul désir, au seul bonheur de rendre à » sa patrie de plus grands services que les autres » citoyens (1). »

Élever un peuple à la mollesse, c'est s'exposer à n'avoir que de mauvais soldats.

Former un peuple à la servitude, c'est le former à ne pas défendre sa liberté contre l'étranger, et à se laisser subjuguer et conquérir.

Dans un gouvernement monarchique constitutionnel, les lois de l'éducation auront pour objet l'honneur et la vertu, principes de ce gouvernement.

(1) Montesquieu.

CHAPITRE X.

Des cultes.

Les hommes ont dit dans leur orgueil : *toute valeur
vient de notre travail;* et ils se sont cru autorisés
d'abord à manquer de reconnaissance envers Dieu,
et ensuite à oser le méconnaître. Misérables! si Dieu
vous avait mis sur le roc aride et stérile, votre travail en aurait-il retiré des denrées? Si Dieu n'avait
pas mis des animaux sur la terre, des oiseaux dans
les airs, des poissons dans les eaux, que vous aurait produit le travail de votre chasse et de votre
pêche? Si Dieu ne vous avait pas donné l'air, l'eau
et le feu, quel moteur et quel agent auriez-vous
trouvé pour votre travail? Si Dieu ne vous avait pas
donné des bras, comment auriez-vous fait sans cet
instrument de votre travail? Reconnaissez donc
que la matière première, les moteurs et les instru-

ments viennent de Dieu et sont la véritable valeur que votre travail augmente, mais ne produit pas ; voyez que tout vient de Dieu, est un don de sa bonté et de sa providence, et que vous devez être reconnaissants envers lui, être persuadés de son existence, et l'aimer et l'adorer.

La première loi de l'État, parce que c'est la plus utile, doit enseigner que Dieu existe ; ce que les législateurs n'auront pas de peine à prouver, puisque c'est une vérité que la sage philosophie reconnaît, et dont les esprits superficiels peuvent seuls douter.

La même loi, la première et la plus utile, doit enseigner l'immortalité de l'âme. « Quant au peuple,
» à la classe ignorante, il lui semble qu'on l'as-
» somme, quand on lui dit que, nés une fois, nous
» ne devons plus renaître, et que nous mourrons
» pour toujours. Il néglige alors la vertu et les
» bonnes actions, et le découragement et le mépris
» de soi-même s'emparent de lui (1). »

La loi doit punir d'une peine très sévère quiconque dit, écrit ou professe quelque chose contraire à ces deux vérités.

Il est bon que la nation ait une religion dominante reconnue par l'État. Il est incontestable que c'est la religion chrétienne que tous les États de la terre devraient reconnaître, parce que les principes en sont les meilleurs possibles, la morale en est la plus pure possible, tout ce qu'elle enseigne porte les

(1) Plutarque.

particuliers à s'aimer les uns les autres, et les gouvernés à obéir au gouvernement et à le soutenir.

Il faut honorer la religion par un culte extérieur, dans les temples, par des offices divins, et hors des temples par des processions solennelles ; et il est bon que le culte ait de la magnificence. « Lorsque le culte » extérieur a une grande magnificence, cela nous » flatte et nous donne beaucoup d'attachement pour » la religion (1). »

Mais il ne faut pas que les prêtres cherchent à montrer leur grandeur plutôt que la grandeur de la religion, et fassent honorer leur vanité sous le prétexte de faire honorer la puissance de Dieu. Ils doivent engager le peuple à assister aux cérémonies religieuses, et lui donner l'exemple de la modestie, de la simplicité et de la modération.

Rendez au peuple ses croyances, rendez-les-lui, car il en a besoin ; rendez-lui le spectacle des cérémonies et des processions religieuses. La joie qu'il y éprouvera le distraira de ses mauvaises pensées. Votre philosophie orgueilleuse l'a laissé seul, sans consolation et sans soutien, entre ses murs noircis et ses meubles vermoulus, sous les haillons qui le couvrent, seul avec sa misère et son ennui, seul avec ses désirs et son envie, seul avec sa colère et sa pensée de révolte ; et vous vous étonnez qu'il se corrompe, qu'il devienne méchant, et qu'il vous inspire des craintes ! C'est votre faute, puisque vous alliez partout disant qu'il fallait tout abattre et

(1) Montesquieu.

détruire, qu'ainsi le veut la liberté : c'est votre faute, votre seule faute, et vous avez eu grand tort; car il faut distraire le peuple et le réjouir par des spectacles religieux : c'est le besoin du peuple et le devoir du gouvernement.

Mais gardez-vous bien de rendre le peuple su perstitieux; les peuples superstitieux ne sont pas industrieux; et la paresse et l'ignorance les accablent de malheurs.

Tolérez toutes les religions qui reconnaissent l'existence de Dieu et l'immortalité de l'âme. « Une » liberté absolue, une juste et véritable liberté, une » liberté égale et impartiale, voilà ce dont nous » avons besoin (1). »

Cependant la secte religieuse reconnue par l'état doit seule avoir le droit de promener ses cérémonies hors des temples. Si toutes avaient ce droit, il pourrait en résulter de très graves inconvénients.

Il est vrai de dire que notre siècle n'est pas supers- titieux et intolérant. Il est cependant des peuples qui ne sont pas encore assez sages pour chasser entièrement la superstition et l'intolérance. Il est des gouvernements qui oppriment des citoyens, ou les privent d'une partie des droits de tous les autres, parce qu'ils professent une religion qui diffère un peu de celle que reconnaît l'état : ce sont des injustices. On doit tolérer toutes les religions, et donner les mêmes droits politiques et civils à ceux qui les pro-

(1) Locke.

jessent, et leur ordonner de s'aimer, de ne pas se
troubler et de ne pas troubler l'état.

La religion doit être d'accord avec les lois politiques et civiles, et ne jamais les contrarier. Les
lois religieuses doivent être inspirées par la politique, et découler de la forme et des principes du
gouvernement ; et les ministres de la religion doivent
dépendre entièrement du gouvernement.

Ne formez pas des prêtres une classe à part. Ce
sont des fonctionnaires, et il est nécessaire qu'ils
soient traités comme les autres fonctionnaires, et
que, avec les mêmes droits et les mêmes devoirs,
ils remplissent leurs fonctions religieuses comme
les magistrats remplissent leurs fonctions civiles.

Qu'un ministre de Dieu soit le ministre spécial
des cultes. La religion est si importante pour une
nation qu'on lui doit cet honneur. Il est vrai
qu'elle dépend de la justice ; mais le ministre de la
justice a tant à faire ; il a tant d'abus à réformer,
tant de formes vicieuses à changer, tant de mauvaises lois à abolir, tant de lois utiles à proposer, qu'il
est impossible qu'il puisse y suffire, et encore moins
s'occuper, en outre, de la religion.

Il convient que la religion soit représentée au
parlement, et qu'il y ait des prêtres dans les deux
chambres, pour y donner leur opinion sur les
questions religieuses, et appeler même l'attention
des législateurs sur ces questions nécessaires à la
morale, comme il convient qu'il y ait des magistrats,
des militaires, des ingénieurs, pour donner leur
opinion sur les questions qui regardent la justice, la

guerre, les travaux publics : mais, comme je l'ai dit, il faut qu'ils y soient en nombre assez grand pour donner les renseignements nécessaires, et trop petit pour faire des lois.

Il faut des prêtres dans les communes, à l'armée, dans les collèges, dans les hôpitaux, dans les prisons. Le citoyen, dans quelque condition et quelque lieu qu'il soit, a besoin de la religion et d'un homme qui lui en parle.

Ne souffrez pas dans l'état des couvents d'hommes, mais encouragez les couvents de femmes. Les communautés religieuses de femmes sont très utiles, quand elles soignent les malades et s'occupent de l'éducation des jeunes filles ; et ce ne sont que celles-là qu'il faut permettre et encourager. Quand une fille a passé l'âge du mariage, elle est souvent très malheureuse dans le monde. Si elle forme une union naturelle, le mépris public l'en punit avec raison. Si elle reste chaste, elle n'est guère plus heureuse dans sa famille : elle n'y est très souvent que la servante d'une sœur ou d'une belle-sœur, et le jouet de ses neveux et nièces : on manque très souvent d'égard pour elle : qui peut la protéger, puisqu'elle est seule ! Elle voit d'un œil d'envie les mariages heureux, et le bonheur des autres fait souvent sa peine et ses regrets. Ouvrez donc des asiles saints aux filles qui ne se marient pas, et donnez-leur une existence douce, calme et tranquille, loin des tentations du monde et de la méchanceté humaine, des vains désirs et des regrets. La pitié l'exige, et l'intérêt de la société le commande.

CHAPITRE XI.

Des fonctionnaires.

Le choix des fonctionnaires est très important. Lorsqu'ils sont bons, ils font estimer et respecter le gouvernement au dehors, et le font aimer et honorer au dedans.

Le corps diplomatique ne se pénètre pas assez, en général, des devoirs qu'il a à remplir, et il en est rarement à la hauteur. Étaler un vain luxe chez l'étranger, y prendre des plaisirs nouveaux, y blâmer tout ce qui s'y passe et s'y dit, en choquer les coutumes et les usages avec une insolente affectation, s'y occuper de leurs intérêts particuliers, et y négliger les affaires de leur patrie, voilà bien souvent la conduite des ambassadeurs, des chargés d'affaires et des consuls.

Trop d'orgueil et de susceptibilité ne convient

pas à un diplomate. Son orgueil peut insulter les nations étrangères et les mettre en guerre contre la sienne; sa susceptibilité peut prendre pour une offense ce qui n'est souvent qu'un oubli ou qu'une étourderie, et soulever la vengeance de sa patrie et la pousser à la guerre contre une nation tout à fait innocente. Qu'il représente dignement sa nation et en fasse respecter la dignité, c'est son devoir, mais il doit le faire sans arrogance, sans prétentions excessives et sans imprudence.

La place d'ambassadeur est loin d'être oisive, et de laisser celui qui l'occupe dans le repos d'esprit et de corps. Une grande activité, capable d'exercer une grande surveillance, est nécessaire à un ambassadeur. Sa mission est de connaître tout ce qui se dit et se fait chez le peuple où il a été envoyé, d'y suivre toutes les démarches des ambassadeurs de toutes les autres puissances, d'y découvrir les véritables causes et motifs, d'y sonder les projets, d'y approfondir les pensées, et il ne doit faire parvenir à son gouvernement que des renseignements justes, exacts, et parfaitement vrais.

C'est chez l'étranger qu'un fonctionnaire se fait connaître. Là, point de parents et d'amis, point de coterie pour le prôner, point de protection pour le soutenir. Là, au contraire, tout lui est ennemi, tout lui tend des pièges; et s'il n'est pas assez habile pour les éviter, il est bientôt pris, enlacé, entravé et perdu. Si vous voulez connaître le mérite d'un homme, envoyez-le chez une nation étrangère.

C'est de la sagesse, de la prudence et de l'habileté

de ses diplomates que dépendent souvent la paix, la
tranquillité, les avantages de puissance et de commerce d'une nation, et la sécurité et la prospérité
de ses citoyens à l'étranger ; tandis que c'est de leur
folie, de leur légèreté et de leur incapacité que pro-
viennent souvent les haines, les jalousies, les tracas-
series, les ruptures, les guerres des nations, et
toutes les violations du droit des gens.

La ruse et la duplicité sont loin d'être utiles aux
diplomates. « Tout homme qui a une fois encouru
» la réputation d'homme double et artificieux, s'est
» privé par là du plus grand instrument dans les
» affaires, je veux dire de la confiance des autres.
» — Les plus mauvais politiques, quoiqu'on en
» puisse dire, ce sont les plus dissimulés (1). » Les
trompeurs sont presque toujours trompés, au lieu
que l'homme franc excite la franchise de ceux à qui
il parle. L'homme juste qui ne pense pas à ses intérêts particuliers et n'est occupé que des intérêts de
sa patrie, se sert très habilement de sa franchise et
de sa droiture et de la confiance qu'il inspire, pour
procurer de grands avantages à sa nation. J'ai toujours vu que les politiques rusés et artificieux, dont
l'habileté était extrêmement vantée, faisaient très
bien leurs affaires particulières, se maintenaient
aux honneurs au milieu des changements et des
renversements, parvenaient à posséder des millions,
mais ne se chargeaient des affaires d'un gouvernement que pour les embrouiller ; et leur présence

____

(1) Bacon.

était presque toujours le présage le plus sinistre de la chute des empires.

Les fonctionnaires de l'intérieur, par une administration douce et équitable, rendent le peuple heureux et content. Ceux qui sont hors de la capitale et loin de la surveillance du gouvernement. sont très utiles, quand ils administrent avec sagesse, et très nuisibles quand ils en manquent. Ce sont eux que le peuple voit et connaît, et c'est d'après leurs actes qu'il juge le gouvernement. Ce sont eux seuls que regarde le bas peuple ; il ignore même qu'il y a ailleurs un roi, des ministres et des législateurs ; il voit ses fonctionnaires, il sent leur influence. S'il s'aperçoit qu'ils prennent soin de lui, qu'ils veillent sur tous ses besoins, qu'ils ne le tracassent pas, et qu'ils ne gênent pas sa liberté inutilement, il est heureux et content ; et les perturbateurs le trouveront sourd à leurs mauvais conseils.

Une grande réputation de vertu, beaucoup de sang-froid conviennent à un fonctionnaire. S'il y a une émeute, il n'a qu'à paraître pour l'apaiser ; le respect qu'inspire sa vertu le fait écouter, et son calme et son sang-froid lui montrent la meilleure manière d'agir. Un homme vicieux, et qui se laisse emporter par la colère, n'inspire que la haine par sa présence ; ses paroles excitent encore l'effervescence, et sa colère précipitée et inconsidérée peut produire de grands malheurs.

Dans un empire très peuplé, où le travail manque, ce n'est pas un mal qu'il y ait beaucoup de fonctionnaires. Si la même somme d'argent suffit à un plus grand nombre, c'est préférable, parce que le gouvernement a alors plus de partisans, et les fonctionnaires, étant moins rétribués, ont moins d'envieux.

Il est bon qu'ils ne puissent être placés et avoir de l'avancement qu'à certaines conditions; mais le mérite, généralement reconnu et apprécié, doit être affranchi de toute condition.

Il est nécessaire de fixer un âge où les fonctionnaires sont mis à la retraite. Il faut que les vieux fassent place aux jeunes.

Les pensions de retraite sont indispensables. Il serait souverainement injuste que celui qui a servi sa patrie toute sa vie, fût exposé à mourir de faim dans sa vieillesse. Je ne conçois pas les retenues sur les traitements pour former des fonds de pensions de retraite, c'est un travail et une dépense fort inutiles. Donnez un traitement moindre, et une pension de retraite convenable; et vous n'aurez pas besoin d'employés chargés des retenues et des fonds des pensions de retraite.

Ce n'est que dans un gouvernement despotique, qui fait argent de tout, que les charges sont vénales; mais dans un pays libre, où les impôts sont forts et bien payés parce qu'ils sont volontairement consentis, le gouvernement n'a pas besoin de ce misérable moyen de se créer des ressources.

Il est bon qu'il y ait des fonctionnaires au parlement, mais en petit nombre, pour y donner des renseignements; mais ceux dont l'absence du lieu où ils ont à remplir leurs fonctions pourrait être nuisible au bien public, ne doivent pas s'en éloigner sous quelque prétexte que ce soit, et ne peuvent, par conséquent, être élus députés.

Les fonctionnaires seront dévoués au gouvernement et le serviront avec zèle, tant qu'ils comprendront leur devoir. S'ils acceptent un traitement, s'ils sont payés, certes ce n'est pas pour faire une opposition imprudente et inutile et attaquer la stabilité du gouvernement; mais ils doivent refuser d'obéir, quand on exige d'eux quelque chose contraire au bien public et à la conscience d'un honnête homme.

Ne donnez pas trop de pouvoir aux gouverneurs ou préfets des provinces, et surtout qu'ils ne réunissent pas les fonctions civiles, militaires et judiciaires. Leur pouvoir doit être balancé par les conseils de provinces; et trois personnes différentes et presque indépendantes doivent être à la tête des affaires civiles, militaires et judiciaires. S'il en était autrement, les gouverneurs des provinces deviendraient des tyrans.

Le cumul de places est blâmable, parce qu'il excite l'envie, et fait qu'elles sont mal remplies.

Dans le gouvernement monarchique constitutionel, les fonctions du gouvernement ou magistratures sont des témoignages de vertu et d'honneur, des dépôts que la patrie confie à des citoyens qui ne doivent vivre, agir et penser que pour elle. L'homme qui ne se sent pas capable de ce dévoûment doit refuser les fonctions publiques.

CHAPITRE XII.

De la richesse, de la force et de la puissance des nations.

On confond très souvent la richesse des nations avec leur force et leur puissance. Ainsi, l'on dit qu'un nation est riche, parce qu'elle a une nombreuse population, tandis qu'elle n'est réellement riche qu'en raison inverse de sa population : c'est comme si l'on disait qu'une famille qui a beaucoup d'enfants, est plus riche, à fortune égale, qu'une famille où il y en a peu. La population est la force d'un état. Ainsi, l'on dit qu'une nation est riche, parce qu'elle a beaucoup de numéraire : c'est là une faible partie de sa richesse, mais c'est une grande partie de sa puissance.

Je ne saurais calculer les richesses d'une nation autrement que celles d'une société de commerce. Ses immeubles, ses meubles, son numéraire, ses denrées et marchandises, ses créances sur les étrangers, forment la somme totale de l'actif d'une nation; il faut en retrancher ce qu'elle doit aux étrangers, qui forme son passif, et l'on aura son capital net et sa richesse réelle.

Une nation peut avoir un plus fort capital qu'une autre nation, et être cependant plus pauvre. Elle peut avoir 50 milliards d'immeubles, 30 milliards de meubles, 2 milliards de numéraire, 16 milliards de denrées et marchandises, 4 milliards de créances sur les étrangers ; ce qui forme un actif de 102 milliards. Elle peut devoir 2 milliards. Son capital net sera de 100 milliards. Si elle a une population de 30 millions d'âmes, et si l'on suppose le capital partagé également entre toute la population, chaque personne aurait 3330 fr. à peu près de capital, et par conséquent 166 fr. de revenu, ou plutôt le double ou le triple ; car le produit du capital est de 10 ou de 15 pour cent ; mais elle aurait 16 fr. d'impôts à payer, ce qui réduirait son revenu à 150 fr. L'autre nation peut n'avoir qu'un capital net de 50 milliards : elle paraît donc moitié moins riche que la première : mais sa population n'est que de 10 millions d'âmes : chaque personne aurait donc un capital de 5000 fr., un revenu brut de 250 fr., et un revenu net de 225 fr. Evidemment la seconde nation serait plus riche que la première, puisque chacun de ses citoyens aurait 75 fr. de plus de revenu net que chaque citoyen de la première nation.

Une nation peut être plus riche, mais moins forte qu'une autre nation. La part de capital de chacun

de ses citoyens peut être le double de la part de capital de chaque citoyen de l'autre nation ; mais sa
population étant moitié moins grande, elle sera nécessairement moitié moins forte ; car s'il y a une
guerre, la seconde nation aura deux combattants à
opposer à un seul combattant de la première nation,
et devra nécessairement la vaincre.

Une nation peut être plus riche, mais moins forte
et moins puissante qu'une autre. Chacun de ses citoyens peut avoir le double de ce qu'a chaque citoyen
de l'autre nation, mais elle a moitié moins de population et de numéraire. S'il y a une guerre, elle sera
nécessairement vaincue, parce que la seconde nation pourra lui opposer deux combattants contre un,
et acheter immédiatement le double de munitions de
guerre.

La richesse ne fait donc pas toujours la force et la
puissance. La force non plus ne fait pas toujours la
puissance. Une nombreuse population sera vaincue
par une plus faible, si elle n'a pas assez de numéraire pour acheter la même quantité de munitions de
guerre que la population plus faible.

La puissance est ce qu'il y a de plus avantageux
pour une nation ; et la puissance dans nos temps modernes où la quantité des armes donne la victoire,
dépend de la quantité du numéraire qui met à même
d'acheter immédiatement la plus grande quantité
d'armes : et voilà pourquoi beaucoup de personnes
disent que le numéraire est la richesse des nations :
elles devraient dire qu'il en est la puissance.

Que font les immeubles à votre puissance ? vous ne

voulez pas les vendre, et l'étranger est bien chez lui et ne veut pas habiter chez vous en achetant vos immeubles. Que font les meubles à votre puissance ? L'étranger en a assez et ne veut pas en acheter. Que font vos denrées et marchandises à votre puissance ? l'étranger en a assez et ne veut pas en acheter. Que font vos créances sur les étrangers à votre puissance ? Les étrangers nient leurs dettes, et c'est pour cela que vous êtes en guerre. Avez-vous du numéraire ? Si vous en avez, vous êtes puissants.

Avec de l'or et de l'argent on achète de la poudre, des canons et autres munitions de guerre ; on achète du bois pour construire des navires et des navires tout construits, du fer pour établir des chemins de ce métal, des voitures et de la houille, pour transporter dans un moment de nombreux combattants à la frontière ; on achète des chevaux, quand on ne peut pas employer la vapeur, on a de bonnes routes, et les transports se font encore assez rapidement ; on achète des hommes montés et démontés, cavaliers et fantassins ; on achète des alliés ; on achète la discorde et la trahison parmi les ennemis ; on achète tout enfin ; car, dans notre siècle corrompu, tout se vend sur toute la terre, tout se donne en échange de l'or et de l'argent qui ont cours dans toutes les parties du globe. On est blâmable lorsqu'on achète la discorde et la trahison parmi les ennemis, et qu'on abuse de leur corruption, et ce que je vous dis n'est que pour vous prouver la puissance de l'or et de l'argent.

Si donc vous voulez être puissants, ayez beaucoup

d'or et d'argent, et apprenez les moyens d'en avoir
beaucoup ; et sachez que parmi ces moyens le meilleur est de rendre plus nombreuse la classe qui possède la moyenne fortune.

CHAPITRE XIII.

Comment peut-on rendre la classe moyenne
plus nombreuse?

Cette question soulève toutes les questions politiques. C'est ainsi dans cette science universelle,
d'une si vaste importance : le premier mot donné
peut fournir le moyen de faire un cours complet de
politique. Si je voulais vous indiquer tout ce qu'il
faut faire pour rendre plus nombreuse la classe
moyenne, je pourrais parler très longtemps, et il
me resterait toujours quelque chose à dire. Je me
contenterai donc de vous indiquer une partie des
moyens généraux qu'on peut employer, et de vous
mettre ainsi sur la voie des autres moyens qu'il vous
sera alors plus facile de trouver.

Un peuple où la classe moyenne est plus nombreuse jouit certainement des meilleures institu-

tions politiques et civiles. C'est la liberté qui a introduit cette égalité; c'est l'égalité qui a procuré le contentement et l'amour du travail; c'est l'amour du travail qui a donné la richesse; c'est la richesse qui a fait venir une plus grande quantité de numéraire et a augmenté la population; de sorte qu'il paraît qu'une nation où les fortunes moyennes sont en majorité est ou sera bientôt riche, forte et puissante. C'est là sans doute où se bornent tous les désirs d'une nation; ce sont là les désirs nationaux qu'un gouvernement doit chercher à satisfaire. Donc il doit tendre par tous les moyens possibles à rendre la classe moyenne plus nombreuse.

Pour atteindre ce but, il encouragera le morcellement des grandes propriétés. Une terre trop vaste n'est jamais bien cultivée, et ne produit jamais ce qu'elle pourrait produire si elle était divisée en moyennes propriétés.

Il multipliera les manufactures, y introduira des perfectionnements, afin que leurs produits soient fabriqués au plus bas prix possible, et soient de la qualité la plus solide et la plus belle.

Il engagera les manufacturiers et les commerçants à fabriquer et à vendre des objets qui puissent tenter les désirs des riches, et en faire passer ainsi l'argent dans la classe qui travaille.

Il excitera le peuple au travail. « C'est avec du travail que toutes les richesses du monde ont été achetées originairement, (1) » excepté celles seulement que la nature donne gratuitement.

(1) Adam Smith.

Il lui enseignera non-seulement à aimer le travail, mais encore à être habile dans son travail.
« L'habileté et l'amour du travail manquent plus
» souvent encore que les capitaux. Les capitaux
» s'amassent peu à peu là où se rencontre de la di-
» ligence, et c'est presque toujours l'indolence et les
» institutions propres à la nourrir, qui retiennent
» les peuples dans la misère (1). » Plus un pays
travaille, plus il s'enrichit; plus il s'enrichit, et plus
il a d'ambition et d'activité, et plus il augmente ses
richesses; tandis qu'un pays qui ne travaille pas
s'appauvrit : plus il s'appauvrit, plus il se décou-
rage, et plus il devient paresseux.

Il divisera le travail pour le rendre plus productif : plus les produits se multiplieront, plus la nation
deviendra riche.

Quand la richesse aura augmenté la population,
il faudra encore diviser le travail; mais si les produits existants suffisent au commerce existant, on
ne pourra plus diviser le travail; il faudra alors
ouvrir de nouveaux débouchés, et lancer encore le
peuple dans le commerce étranger; et plus le peuple
aura d'activité, plus il faudra étendre le marché,
c'est-à-dire plus il faudra faire des traités de commerce avec les nations étrangères, et avec le plus
grand nombre de nations, et avec les nations les plus
lointaines.

On se procurera, au meilleur marché possible, le
plus de matières premières et de la meilleure qua-

(1) J.-B. Say.

lité, en améliorant les terres, les races d'animaux,
les plantes et les insectes qui fournissent les matières premières, et en les prenant sur les meilleurs
marchés étrangers. On les livrera ainsi aux manufacturiers, dont on améliorera les moyens de fabrication, afin que les objets manufacturés soient en
grande quantité et en qualité supérieure. Alors on
exportera nécessairement les matières premières et
les objets manufacturés, les denrées et marchandises en plus grande quantité et de meilleure qualité que les denrées et marchandises importées ; et
la balance du commerce étant favorable, on aura de
l'or et de l'argent à recevoir des étrangers. Avec cet
or et cet argent on pourra acheter une plus grande
quantité de matières premières, qui augmenteront les
produits, qui augmenteront la richesse, qui augmentera, se reproduira et se multipliera à l'infini.

Si l'on obtient la nourriture à meilleur marché,
les frais de culture et de fabrication coûteront moins
cher et les profits augmenteront. « Si par l'accrois-
» sement du commerce étranger ou par des perfec-
» tionnements dans les machines, on peut fournir
» aux travailleurs la nourriture et autres objets de
» première nécessité à plus bas prix, les profits
» hausseront (1), » et la classe moyenne deviendra
plus nombreuse.

Le gouvernement favorisera l'industrie du petit
commerce ; c'est lui qui forme la plus grande partie
de la classe moyenne, et il est loin d'être nuisible.

(1) Ricardo

comme on l'a prétendu. « Les préventions de certains
» écrivains politiques contre les petits détailleurs et
» ouvriers en boutique, sont tout à fait mal fondées.
» Tant s'en faut qu'il soit nécessaire d'en restreindre
» le nombre ou de les gêner par des impositions,
» qu'au contraire ils ne sauraient jamais se multi-
» plier de manière à nuire au public (1). »

En quoi les petits détailleurs peuvent-ils être nuisibles? Gouvernements, je vais vous le dire : si vos
mauvaises lois, si votre détestable administration
laissent le peuple dans la misère, et, ce qui est bien
plus odieux, le forcent à y rester, il est nuisible qu'il
y ait des petits détailleurs dont les marchandises le
tentent de dépenser au-delà de ce qu'il peut, dont
les boissons l'engagent à boire au-delà de ce que sa
bourse et la tempérance lui permettent. Mais alors,
quels sont les coupables? Sont-ce les petits détailleurs ou les gouvernants? Si le peuple, plus riche,
pouvait acheter davantage; si l'habitude de boire des
boissons fermentées l'empêchait d'en boire avec
excès, comme on le remarque dans la classe aisée,
pourquoi le peuple ne pourrait-il pas se donner ces
nouvelles jouissances et les satisfaire? En quoi alors
les petits détailleurs seraient-ils nuisibles? Il y aurait accroissement de consommation, et tout le
monde s'en trouverait bien, et le trésor du gouvernement se gonflerait en se remplissant davantage.
La classe riche est avide de nouveaux besoins et de
nouveaux plaisirs, qui lui donnent de nouvelles dis-

(1) Adam Smith

tractions et détruisent ou diminuent du moins l'ennui de l'existence de la terre ; et elle veut que le peuple vive sans cesse de privations et ne soit jamais distrait de sa misère et de ses peines ! C'est plus que de l'égoïsme, c'est de l'inhumanité. Gouvernants, votre devoir est de faire que le peuple soit riche, et qu'il puisse acheter les objets nécessaires à ses besoins et à ses jouissances permises au plus bas prix. N'exigez donc pas des petits détailleurs une patente excessivement forte ; ne faites pas peser sur les boissons des droits exorbitants ; laissez augmenter la concurrence des petits détailleurs, et alors le peuple achetera sa nourriture à plus bas prix, aura l'habitude des boissons avec lesquelles il ne fera plus d'excès et ne s'enivrera plus, et sera plus heureux, plus content et plus disposé au travail, et la classe moyenne deviendra plus nombreuse.

Répandez l'instruction sur la masse du peuple ; enseignez-lui à raisonner et à calculer ; dites-lui quels sont les moyens les plus faciles et les plus prompts pour exécuter son travail ; élargissez ses idées ; formez son intelligence, et la quantité et la perfection des produits, et la richesse augmenteront.

Faites peser l'impôt sur tous les citoyens en général ; mais faites-le porter plutôt sur les objets de luxe, afin qu'il soit plus payé par les riches que par les pauvres.

Facilitez les transports et rendez-les moins coûteux.

Quoique vous deviez permettre au peuple quelques jouissances, il faut l'engager à l'économie ; ses épargnes lui fourniront un capital; ce capital lui donnera des intérêts ou des bénéfices; ces intérêts ou bénéfices capitalisés augmenteront sa richesse, et les citoyens qui auront agi ainsi passeront dans la classe des moyennes fortunes, et pourront même, s'ils conservent la même économie, passer dans la classe riche, et laisser la place libre à d'autres pour passer dans la classe moyenne.

Engagez les riches à bâtir, à embellir leurs habitations, à les orner de meubles somptueux, à se vêtir magnifiquement, à s'entourer enfin des produits de l'industrie nationale, non pas au-delà de leurs moyens, mais en proportion de leurs revenus. C'est autant de versé sur la classe moyenne.

Engagez les riches à la générosité envers tous les artistes et littérateurs pauvres. C'est autant de versé sur la classe moyenne.

Détruisez l'orgueil des riches, qui n'aiment et n'estiment que les riches, et l'insatiable avidité et la détestable prétention des riches qui ne veulent marier leurs enfants qu'avec des riches. Louez hautement et favorisez les mariages des riches avec les pauvres. C'est autant de versé sur la classe moyenne.

Mettez dans vos lois l'égal partage des successions entre tous les enfants. C'est autant de versé sur la classe moyenne.

Mettez l'adoption dans vos lois de cette manière :
« Toute personne, âgée de cinquante ans, qui
» n'aura pas d'enfants, pourra adopter une per-
» sonne âgée de vingt-cinq ans au plus, qui ne sera
» pas enfant unique de parents ayant plus de cinq

» mille francs de rente , ou qui sera enfant de pa-
» rents pauvres; » et encouragez ces sortes d'a-
doptions par des places ou des honneurs. C'est autant de versé sur la classe moyenne.

Engagez les riches à faire un travail improductif :
ils seront obligés de payer à la classe laborieuse le
travail productif nécessaire à leurs besoins. C'est
autant de versé sur la classe moyenne.

N'empruntez pas l'argent des capitalistes, surtout
pour le dépenser d'une manière improductive (je
parle aux gouvernements); mais n'ayez pas besoin
de leurs capitaux , et dites-leur de les prêter aux
spéculateurs, qui leur en paieront un intérêt , y
trouveront des salaires d'ouvriers, et en retireront
pour eux un bénéfice. C'est autant de versé sur la
classe moyenne.

Enfin, la meilleure manière de rendre la classe
moyenne plus nombreuse, c'est d'augmenter la richesse de la nation , d'en favoriser l'égale réparti-
tion, et de distribuer de la manière la plus égale et
la plus équitable le salaire du travail.

CHAPITRE XIV.

Du salaire du travail.

Le parlement fixe le montant des salaires du gouvernement, il ne peut donc pas être salarié pas plus
qu'on ne peut être juge et partie. Les législateurs
pourraient se rétribuer d'une manière trop oné-
reuse à la nation, s'il leur était permis de se voter
un salaire. D'ailleurs, leur mission est si honorable
qu'elle ne peut pas et ne doit pas être payée.

Le parlement fixe le salaire du pouvoir exécutif.
Quelques personnes ont voulu trouver là une preuve
de sa prééminence : c'est une erreur. La puissance
législative et la puissance exécutive émanent toutes
deux du peuple souverain, c'est-à-dire, des électeurs en qui réside tout droit primitif; et le peuple
a voulu que les deux puissances fussent égales ; et

quand la puissance législative fixe le salaire de la puissance exécutive, ce n'est pas un droit qu'elle exerce ; car ce droit n'appartient qu'au peuple : c'est seulement au nom du peuple et comme arbitre qu'elle agit.

Le roi a des devoirs à remplir qui occasionnent de fortes dépenses ; premier magistrat de la nation, il doit représenter : il faut donc une liste civile suffisante.

Il est très nuisible que les fonctionnaires de l'état soient trop rétribués. Leur salaire doit être en rapport avec la dépense ordinaire d'un particulier aisé, et suivant le degré de luxe introduit dans la nation.

J'ai dit qu'un grand nombre de fonctionnaires et d'employés n'était pas nuisible dans un état, parce que, en effet, il vaut mieux nourrir avec la même somme deux personnes qu'une seule ; mais si l'on double la somme des salaires en doublant le nombre des fonctionnaires, c'est certainement un mal et un très grand mal qu'ils soient trop multipliés.

L'excédant du prix des salaires du gouvernement et leur surabondance sont des dépenses inutiles qui tendent à faire passer la fortune dans une seule classe, et c'est autant d'enlevé à la classe moyenne, et surtout à la classe pauvre.

Il est donc bien nécessaire de fixer les salaires du gouvernement d'une manière économique ; mais il n'est pas moins nécessaire de les fixer d'une manière juste et équitable. Si les uns ont trop et les autres pas assez ; si précisément ceux qui ont beaucoup travaillent peu, tandis que toute la charge du tra-

vail tombe sur ceux qui ont peu ; s'il y en a qui ne
travaillent pas du tout ; si les incapables, les vieillards, les gens non mariés ont beaucoup, tandis
que les capacités, les hommes qui sont encore dans
la force de l'âge, et ceux qui sont chargés d'une
nombreuse famille ont peu ; si le travail d'un jour
est payé comme le travail d'un mois ; si tous ces
abus existent, la distribution du salaire est mauvaise, et il faut la changer, parce qu'elle nuit à la
classe moyenne en favorisant l'inégalité des fortunes. Elle entame aussi le capital de la nation, si le
luxe des fonctionnaires se porte, comme il arrive
souvent, vers les produits étrangers.

On dit que dans ce siècle de luxe on est forcé de
dépenser beaucoup, et qu'il est indispensable que
les fonctionnaires aient beaucoup ; parce qu'il y a un
goût très prononcé, un penchant très fort pour la
dépense. Mais si l'on veut satisfaire les goûts et les
penchants de luxe, on n'y parviendra jamais ; car
il est de leur nature d'aller toujours croissant. Le
fonctionnaire qui a dix mille francs, aura besoin de
quinze mille francs l'année prochaine, et de vingt
mille dans deux ans, et ses besoins augmenteront
ainsi continuellement parce qu'il ne saura jamais
borner ses goûts et ses penchants ; et plus il recevra,
plus il se trouvera pauvre. On peut bien enrichir la
pauvreté d'état ; mais il est impossible d'enrichir la
pauvreté de luxe. Enseignez-lui donc à borner ses
désirs ; et dites-lui qu'il y a des hommes très honorables, très probes, d'une éducation et d'une instruction soignées, d'un mérite généralement reconnu,

qui vivent avec le quart de ce qui lui est donné, et
que vous ne voyez pas pourquoi il ne s'en conten-
terait pas.

On dit : « les fonctions de juges sont tellement
» honorables par elles-mêmes, qu'il y a toujours
» des hommes disposés à s'en charger, quoiqu'elles
» ne soient accompagnées que de très faibles émolu-
» ments (1). » C'était vrai il y a un siècle ; mais aujourd'hui les juges demandent de toutes parts que
leurs places soient lucratives, et ils l'obtiennent : c'est
que les principes d'honneur et de vertu sont corrompus.

Les prêtres sont des fonctionnaires dont les fonctions sont très honorables sans doute, mais aussi
très utiles et très sujettes à des dépenses nombreuses.
Le pauvre de la paroisse s'adresse au prêtre ; c'est le
prêtre qui connaît toutes les douleurs et doit les soulager. Il est donc nécessaire que les prêtres soient
bien payés, afin qu'ils puissent en verser quelque
chose sur le peuple. Si les prêtres sont bien payés,
ils pourront baptiser, marier et enterrer gratis le
pauvre et l'enfant du pauvre : c'est un devoir.

Les salaires des commis, des ouvriers, et, en
général, des particuliers, se règlent d'une manière
bien plus juste et plus équitable que ceux du gouvernement. Dans les relations de particuliers à
particuliers, on sait parfaitement tenir compte de
l'adresse, de l'habileté, du mérite ; on sait apprécier
à sa juste valeur la fatigue, la difficulté, la durée du

____

(1) Adam Smith.

travail. Celui qui l'achète et celui qui le vend finissent par s'entendre sur son véritable prix beaucoup
mieux que le gouvernement et ses fonctionnaires ne
s'entendent.

Aussi la loi ne doit taxer aucun salaire particulier.
« L'expérience semble démontrer que la loi ne peut
» jamais régler passablement les salaires (1). »

« Ainsi que tout autre contrat, les salaires de-
» vraient être livrés à la concurrence franche et libre
» du marché, et jamais les gouvernements ne de-
» vraient chercher à la gêner par des règlements (2). »

Je voudrais que le travail des avoués, des avocats,
des notaires ne fût pas taxé. Il s'établirait entre eux
une concurrence qui rendrait moins coûteux les procès et les contrats : les parties sauraient bien aller au
meilleur marché. Du reste, la taxe par rôles est scan-
daleusement éludée au grand détriment de la qualité des mots et de la pureté du style.

Le génie et le mérite supérieur doivent être payés
par le pouvoir et la considération et non pas par
beaucoup d'argent. En payant trop cher le talent des
hommes distingués, on peut les porter à le prostituer ;
et le payer en argent, ce n'est pas l'honorer ; c'est
l'avilir.

Les ouvrages des littérateurs et des artistes ne
méritent pas seulement un salaire ; car ils sont plus
que le produit du travail ; ils représentent l'intérêt
du capitaliste, le bénéfice du spéculateur et le salaire

(1) Adam Smith.
(1) Ricardo.

de l'ouvrier, comme tous les autres produits, comme toutes les marchandises. Pourquoi, comme toute autre propriété, celle de l'auteur n'est-elle pas garantie à ses héritiers? Pourquoi, au contraire, leur est-elle ravie? C'est une injustice. Pourquoi les lois ne protègent pas l'auteur contre ceux qui lui font du tort dans son pays? Pourquoi les nations ne s'entendent-elles pas pour protéger la propriété des auteurs étrangers, comme elles protègent les autres propriétés? Ce serait là de la justice et du droit des gens.

Je reviens aux salaires, et je dis aux gouvernements de distribuer équitablement le salaire du travail qu'ils commandent, et je dis aux particuliers qu commandent du travail, d'en conformer le salaire aux bénéfices qu'ils font, et non pas de chercher à augmenter leurs bénéfices en diminuant les salaires, et je dis à ceux qui vivent de salaires de conformer leur exigence à leur travail, et de travailler loyalement pour le salaire qui leur est accordé. C'est le seul moyen d'éviter les mécontentements et les plaintes.

CHAPITRE XV.

De l'équité et de la morale.

Je parle aux peuples de toute la terre et à tous les individus du peuple; je parle aux citoyens de toutes les conditions, et je leur dis : apprenez l'équité et la morale ; soyez justes et sages, afin de n'avoir pas besoin de recourir aux lois et n'avoir pas à craindre les ordonnances de ceux qui vous gouvernent.

Que vous importe la loi écrite, si vous voulez être équitables ? De quel besoin peut-elle être pour vous, si votre cœur est juste ? Que peut-elle vous enseigner que Dieu n'ait écrit en traits ineffaçables sur toutes les pages de votre conscience ?

Écoutez et pratiquez les préceptes de l'équité qui sont contenus dans vos lois et s'étendent bien plus loin qu'elles ; interrogez votre âme, et demandez-lui comment vous devez vous conduire. Elle vous

enseignera ce qu'il y a de plus pur dans vos lois et
beaucoup de choses qui n'y sont pas contenues; et
elle vous dira qu'il y a beaucoup de choses dans vos
lois qui sont contraires à la loi divine, source de toute
justice; et que celui-là est criminel devant Dieu et
devant la sagesse des hommes vertueux, qui fait
tout ce que les lois permettent et ne défendent pas,
et qu'on peut même se rendre coupable en faisant
certaines choses qu'elles ordonnent.

La loi ne connaît que les conventions écrites, et ne
punit point le mensonge et le parjure; et cependant
il n'y a pas de société possible, si l'on ne peut pas
avoir confiance dans les promesses des hommes, et
si les bouches humaines ne prononcent pas la vérité.

Quand les hommes sentiront-ils la nécessité de ne
se faire aucun tort réciproquement, et de se conduire
toujours les uns envers les autres d'après les préceptes de la conscience?

L'homme ne cessera-t-il pas d'attenter à la personne et à la propriété de l'homme? et ne sentira-
t-il pas enfin qu'il est noble et grand de ne faire aucun tort à personne, ou du moins de reconnaître
et de réparer ses torts, quand on en a envers quelqu'un, et qu'il vaut mieux les réparer que d'avoir
des procès, et de se laisser traîner devant les tribunaux.

Mais il ne suffit pas d'avoir de l'équité, il faut
encore pratiquer la morale, et surtout celle de
l'évangile, bien supérieure à l'équité et bien plus
propre à faire le bonheur de la société.

L'équité enseigne les devoirs des hommes envers les autres hommes ; mais la morale enseigne les devoirs de l'homme envers l'homme et envers soi-même.

L'homme, que les passions égarent, a besoin d'être retenu par la morale, et les philosophes qui la lui ont enseignée, lui ont rendu un grand service.

C'est l'étude et la pratique de la morale qui seules peuvent conduire l'homme au repos d'esprit et au bonheur : aussi, les peuples doivent-ils bien apprécier la morale, et honorer ceux qui la leur enseignent ; car elle entretient la fécondité des affections humaines, le respect et la dignité des hommes, la décence et la douceur de leurs relations. « Ne peut-
» on faire sentir aux nations l'utilité qu'elles tire-
» raient d'une excellente morale? Et ne pourrait-on
» pas hâter les progrès de cette science, en hono-
» rant davantage ceux qui la cultivent (1) ? »

Peuples, dites à ceux sur qui vous avez les yeux, à ceux qui vous donnent des leçons d'équité et de morale, à tous ceux qui vous sont connus, de vous donner l'exemple de l'équité et de la morale, dites-leur que vous êtes ce qu'on vous fait, que vous faites ce que vous voyez faire, et que vous êtes vertueux quand les bons exemples ont fécondé les germes de vertu que Dieu a mis dans vos cœurs.

Dites-leur que leurs livres et leurs théâtres doi-vent vous faire sentir les avantages de l'équité et de

(1) Helvétius.

la morale, et non pas vous présenter des héros dis-
solus et corrompus, perfides et trompeurs, qui
triomphent de la candeur et de la pureté, de la vérité et de la franchise, et qu'ils livrent à votre admiration et à votre imitation.

Les livres et les théâtres ne présentent maintenant que de perfides complots, des maximes perverses, des actions conduites par l'égoïsme, l'intérêt
et la cupidité, des ambitions effrénées qui ne recu-
lent devant aucun crime, des vengeances atroces,
et l'on montre ces sentiments et ces actions sous des
aspects honorables, et l'on excite l'intérêt du public
pour d'infâmes criminels pour qui la terre n'a pas
assez de supplices et l'enfer assez de flammes dé-
vorantes. Et l'on prétend ainsi acquérir la popula-
rité! Peuples, dites à ces auteurs qu'ils peuvent faire
rire et amuser les plus vils des citoyens et la plus
basse populace; mais que le peuple, en général,
aime ceux qui font des ouvrages utiles à la morale,
et méprise ceux qui corrompent les mœurs. « On
» est sûr de plaire au peuple par les sentiments que
» la morale avoue, et on est sûr de le choquer par
» ceux qu'elle réprouve (1). »

Dites aux hommes qui vous demandent vos suffrages, en vous priant de les élever au-dessus de
vous, et qui prétendent, dans leurs professions de foi,
faites avant les élections, qu'ils n'ont en vue que le
bien public. « Si vous êtes réellement animés de
» la passion du bien public, votre haine pour cha-

<hr>

(1) Montesquieu.

» que vice est proportionnée au mal que ce vice fait
» à l'état (1); » et dites-leur qu'ils n'auront droit
à vos votes que lorsqu'ils vous auront prouvé qu'ils
détestent les vices, et qu'ils aiment et honorent
l'équité et la morale.

Des cris s'élèvent de toutes parts demandant plus
de liberté pour le peuple. Des livres, des brochures,
des journaux disent qu'il faut que le peuple soit
plus libre. Eh ! mon Dieu ! Donnez-lui plus de justice
divine et de morale ; il en sera bien plus heureux.
« Il importe que les hommes s'abreuvent à longs
» traits de doctrines morales et religieuses, avant
» de goûter de la politique (2). »

D'autres livres, d'autres brochures, d'autres
journaux crient avec terreur qu'il faut museler le
tigre populaire, parce qu'il est prêt à mordre. Eh!
mon Dieu ! le peuple ne mord pas, à moins qu'on ne
l'irrite. Ne le vexez pas, et donnez-lui plus de justice
divine et de morale ; et non-seulement vous n'aurez
pas besoin de lui ravir ses libertés, mais encore vous
pourrez lui en donner davantage.

L'équité et la morale sont le soutien de l'état et le
bonheur de la famille.

(1) Helvétius.
(2) Bacon.

CHAPITRE XVI.

De la famille.

Citoyens de toutes les nations, faites entrer le bonheur dans la famille : c'est le meilleur moyen d'obtenir le bonheur de toute la société. Si toutes les familles sont heureuses, la nation sera nécessairement heureuse ; car ce sont les familles qui composent la nation.

Chassez de la maison toutes les mauvaises passions, l'égoïsme, la cupidité, l'intempérance, l'incontinence, l'infidélité, qui y introduisent la haine et la discorde ; et appelez-y le dévouement, la modération des désirs, la tempérance, la continence, la fidélité, qui sont les vertus opposées, et qui introduisent dans la maison les bienfaits opposés, l'affection et la concorde.

N'ayez que des plaisirs communs, et qu'aucun

membre de la famille ne forme des désirs qui ne se rapportent au bonheur commun de la famille. Si vous voulez vous procurer des jouissances hors de la maison, vous agirez comme un traître qui passe à l'ennemi et abandonne lâchement sa patrie. Si la fortune du ménage est dépensée hors de la maison pour des dîners somptueux donnés aux étrangers, pour des amours infidèles, pour des cadeaux criminels, pour des fêtes étrangères, votre perfidie vous attirera la jalousie et la haine des autres membres de la famille ; et les peines et les pleurs viendront s'asseoir au foyer de votre ménage ; et le remords torturera votre âme ; et vous serez d'autant plus malheureux, que vous voudrez vous étourdir davantage sur les torts que vous vous serez donnés, et vous serez poursuivi par le mépris de vous-même et l'ennui de toutes vos actions. « Un plan de vie
» qu'on se trace et auquel on s'attache avec cons-
» tance, a toujours été envisagé avec raison comme
» un grand moyen de bonheur. Mais je ne crois pas
» qu'on forme souvent un tel plan, sans que l'amour
» y entre pour quelque chose, sans qu'on y mêle les
» plaisirs de famille et ceux que les enfants nous
» procurent (1). »

Maris, vous ne récolterez que ce que vous aurez semé. Vos femmes seront débauchées, si vous leur donnez l'exemple de la débauche ; vos femmes seront infidèles, si vous portez vos amours aux femmes étrangères ; vos femmes seront criminelles, si le

(1) Malthus.

crime est dans vos cœurs, et si vos bouches osent
en faire l'éloge ; tandis que si vous êtes chastes et
tempérants, constants et vertueux, vos femmes le
seront aussi.

Aimez vos femmes et vos enfants ; ayez pour eux
du zèle et du dévouement ; que vos pensées et vos
actions ne soient que pour eux. Vos voisins profi-
teront de votre exemple ; toute la nation sera plus
charitable, et tous les peuples seront plus humains.

Femmes, respectez vos maris, et sachez les retenir
auprès de vous par l'amabilité de vos paroles et la
candeur de vos actions.

C'est un orgueil bien ridicule, une vanité bien
misérable, cet orgueil et cette vanité des femmes
qui veulent être maîtresses dans la maison, et qui
soumettent leurs maris à leurs ordres : c'est une
preuve de leur mépris pour des maris faibles et
imbéciles.

C'est une bien sotte prétention, celle des femmes
qui se vantent de leur fortune, de leur noblesse, de
leur beauté, et cherchent ainsi à humilier leurs maris
et à leur montrer qu'elles leur sont supérieures. Le
mari et la femme, n'est-ce pas une seule et même
chose ? Si vous abaissez une partie de cette chose,
vous abaissez la chose entière ; si vous ravalez une
partie de cette chose, vous ravalez la chose entière ;
si vous ternissez et salissez une partie de cette chose,
la chose entière perdra son lustre et la tache s'étendra
partout. Femmes, soyez plutôt douces, aimables,
complaisantes ; et élevez vos maris, car c'est vous
élever ; et ne prétendez pas une insolente supério-

rité, car dès qu'il n'y a plus d'égalité, il n'y a plus de confiance, et l'union est détruite.

Ayez des égards et des attentions réciproques , une égale tendresse, un égal amour, le même zèle , le même dévoûment et la même volonté ; ne formez enfin qu'une seule âme mue par les mêmes pensées, et les mêmes sentiments.

Maris et femmes, ne refusez pas le bonheur qui vient d'une parfaite union et d'une tendresse mutuelle ; chérissez-vous et chérissez vos enfants, et donnez-leur l'exemple de la tendre affection pour qu'ils vous aiment et vous chérissent, comme vous vous aimez et vous vous chérissez , et comme vous les aimez et vous les chérissez.

Les parents ne se pénètrent pas assez de la grave obligation qu'ils ont contractée en mettant des enfants au monde. Il pensent follement que la nature crée les enfants bons ou mauvais, et qu'il n'y a rien à faire pour changer les inclinations natives. C'est le raisonnement de la paresse et de l'indifférence ; ils se trompent, il dépend d'eux d'inculquer des principes de vertu dans le cœur de leurs enfants, et de les préparer à se rendre utiles à la patrie ; il dépend d'eux d'en faire des hommes qui contribueront au bonheur de la famille et à la stabilité de l'état. S'ils ne leur donnent pas des principes de justice divine et de morale, s'ils ne leur enseignent pas le patriotisme, ils sont coupables et devront être punis.

Si, poussant plus loin l'inconséquence, les parents, comme nous le voyons maintenant, enseignent à leurs enfants , par leurs maximes perverses . leurs leçons dangereuses, leurs exemples déplorables, à préférer leur intérêt personnel à l'intérêt général, leurs enfants tueront un jour la patrie, et les parents qui auront dirigé les bras parricides seront coupables du crime de lèse-nation, le plus abominable et le plus odieux de tous les crimes.

Les hommes ne se pénètrent pas assez de la déférence et du respect qui sont dus aux parents. Ils écoutent à peine les discours des vieillards, ils les tournent même en ridicule ; ils traitent leur expérience d'imbécillité, leurs opinions de vieilles erreurs, et leurs leçons de caduques pédanteries. Et ils ne s'aperçoivent pas que leurs enfants les voient et les entendent, et qu'ils seront traités par leurs enfants comme ils traitent leurs parents, et qu'ils n'auront à s'en prendre qu'à eux-mêmes ; car la pierre dont ils seront frappés est lancée maintenant par eux-mêmes ; l'ironie qui doit les atteindre sort maintenant de leur propre bouche ; la honte qui doit les accabler leur est déversée maintenant par eux-mêmes ; l'abandon qui les fera souffrir est provoqué maintenant par eux-mêmes ; il leur sera fait à juste droit par leurs enfants, comme ils font maintenant à leurs parents.

Les parents doivent être vertueux pour que leurs enfants le soient, et le plus bel héritage qu'ils puissent leur laisser, c'est une réputaton honorable de droiture et de probité que leurs enfants soient tentés de mériter à leur tour, et qui leur permette maintenant de se vanter des auteurs de leurs jours.

On entend des parents prodigues et dissipateurs

dire qu'ils ne veulent pas se priver pour leurs enfants, qu'ils seraient bien bons de travailler pour leur postérité. Malheureux ! ils ne savent pas que ces vains plaisirs où ils courent ne leur laisseront que l'ennui et le dégoût, et que leur âme n'en ressentira jamais aucune joie pure, tandis que le plaisir de travailler pour ses enfants adoucit tous les travaux.

Le devoir des parents est d'aimer également tous leurs enfants, et de leur donner une dot égale et une part égale dans leur succession. Des parents seraient cependant excusables, dans ce siècle corrompu où les excès du luxe éloignent les hommes du mariage, d'avantager leurs filles.

Les enfants doivent respect et obéissance à leurs parents, soins attentifs et délicats, zèle et dévoûment, tendresse, affection et attachement.

Il faut qu'il y ait entre les parents et les enfants échange mutuel de pensées et de raisonnements, désir mutuel de se plaire, et de se faire respecter et estimer par des paroles et des actions justes et sages, échange de confiance et de conversations familières, et réunion de sentiments tendres et affectueux.

Il n'y a pas pour les parents d'approbation plus précieuse que celle de leurs enfants, et il n'y a pas pour les enfants d'approbation plus désirable que celle de leurs parents.

La tendresse des parents et des enfants est tellement naturelle et conforme à la loi divine, qu'elle doit braver la loi humaine qui la viole et veut s'élever au-dessus d'elle. Ainsi, dans aucun cas, un père ne peut être le dénonciateur de son fils, et un fils le dénonciateur de son père, le père révéler le crime de son fils, et le fils révéler le crime de son père. Il n'y a qu'un tyran qui peut faire une pareille loi ; il n'y a que d'imprudents législateurs qui peuvent la faire ou la laisser exister, car elle est contraire aux lois de la nature, elle fait horreur et elle est nuisible à la patrie ; celui qui trahit sa famille n'est pas loin de trahir sa nation.

Le père doit nourriture et asile à son fils, quels que soient les torts du fils envers le père ; et le fils doit nourriture et asile à son père, quels que soient les torts du père envers le fils.

Les parents font bien quand ils marient leurs enfants avec des étrangers, car les mariages entre parents ont le double inconvénient de ne pas croiser les races, et de conserver l'inégalité des fortunes.

Mais ils ne doivent pas chercher des partis dans les familles étrangères, parce qu'ils n'en trouvent pas d'assez riches dans leurs familles, ce serait une double faute ; car lorsqu'une branche d'une famille est riche, elle doit, par des mariages, faire participer à sa fortune les branches pauvres de la famille, et l'on ne doit jamais seulement chercher la fortune dans les personnes à qui on marie ses enfants.

C'est cependant la fortune seule qu'on cherche aujourd'hui pour les mariages. Quand des parents ont un fils à marier, ils vont demandant en tous lieux où se trouve la fille qui a de l'or en plus grande quantité. Quand ils ont une fille à marier, ils s'informent partout où est l'homme le plus riche ; et, dès qu'ils l'ont trouvé, ils l'accablent de politesses, de prévenances, de soins empressés; ils rampent, se plient et se tordent devant lui, et souvent inutilement; car il ne veut pas perdre sa liberté qui lui permet d'impures voluptés et d'infâmes plaisirs, ou bien il a aussi ses prétentions, et elles sont au-dessus de ce qui lui est offert.

Quand on réussit, on perd souvent bien davantage ; l'homme voluptueux s'amuse **un** jour de sa femme; c'est pour lui une nouveauté ; mais ce plaisir de la nouveauté passe rapidement; il revient à ses habitudes, et abandonne son épouse que la jalousie et le chagrin dévorent. Pourquoi attendriez-vous de lui autre chose? L'or a corrompu cet homme dès sa plus tendre enfance. Il a des torts envers sa femme; il faut qu'elle s'en venge. Quelquefois même c'est elle qui a tous les torts : vous avez voulu qu'elle eût de l'or : qu'en fera-t-elle de cet or? Elle se logera et se meublera magnifiquement; elle se couvrira de perles et de diamants; elle aura des laquais nombreux et des chevaux fringants; elle sera toujours dans les bals, et ne s'occupera ni de son mari ni de ses enfants; avec cet or, elle jouira de tous les plaisirs, se plongera dans les voluptés et achètera des amants; elle sera épouse adultère, femme impudique et mère dénaturée. Ses enfants suivront son exemple, et vous aurez une postérité corrompue où l'empoisonnement et l'assassinat se glisseront un jour, où il y aura peut-être du sang versé et l'échafaud. Quels seront les coupables? Vous, vous-mêmes;

et Dieu vous punira plus sévèrement qu'il ne punira votre postérité.

Ne cherchez donc pas tant la fortune pour vos enfants; abaissez un peu vos prétentions; et si vous n'avez pas assez de courage et de vertu pour prendre des partis pour vos fils et vos filles dans la classe pauvre, prenez-les du moins dans la classe moyenne.

Quand vous avez des fils à marier, « il faut leur » chercher des femmes qui ne soient ni plus nobles, » ni plus riches qu'eux (1). »

Mais la plus grande difficulté est de bien marier vos filles; car les malheurs et les inconvénients du mariage viennent plutôt du mari que de la femme. Votre fils pourra corriger sa femme en lui donnant de bons exemples; mais si vous donnez un homme vicieux à votre fille, qui le corrigera? L'homme est le plus fort; la loi lui donne le droit de commander; il sera bien plus difficile d'opérer en lui un changement favorable.

Appliquez-vous donc avec soin à faire de bons choix pour vos filles; vous le devez, si vous les aimez, et si vous n'êtes pas des parents dénaturés.

Ne jetez pas les yeux sur les hommes trop riches : la fortune est corruptrice, et rien ne peut guérir les cœurs qu'elle a gâtés; qu'ils soient pauvres ou de la classe moyenne.

Ne les prenez pas parmi les hommes oisifs : l'oisiveté, comme on l'a dit si souvent, est la mère de tous les vices. Il faut qu'ils aient un état, une industrie ou une fonction publique.

(1) Plutarque.

Détournez vos regards des égoïstes, des avares, des prodigues, des libertins, des débauchés, et cherchez parmi les hommes sensibles, généreux, économes, continents et tempérants.

Gardez-vous bien de prendre des hommes d'un caractère léger et railleur. « Les individus d'un na- » turel grave et sérieux, qui sont des hommes d'ha- » bitudes, et par cela même d'un caractère cons- » tant, sont ordinairement de bons maris (1). »

Assurez-vous bien surtout qu'ils ne prennent pas vos filles par intérêt, parce qu'elles sont riches; mais qu'ils les demandent, parce qu'ils les estiment et qu'ils ont pour elles de l'amour.

(1) Bacon.

CHAPITRE XVII.

De l'amour.

L'amour est la perle ou le rubis qui brille, le matin, sur les fleurs et le feuillage, à l'ombre ou au soleil ; c'est la pluie bienfaisante qui tombe sur une terre altérée ; c'est l'éclaircie qui luit au ciel dans un temps nébuleux ; c'est la verte oasis d'un désert de sable ; c'est l'arc-en-ciel qui montre ses admirables couleurs après l'orage ; c'est la brise légère qui attiédit les jours chauds de l'été ; c'est le vent favorable qui conduit le navire au port ; c'est le parfum qui embaume l'air ; c'est l'harmonie qui résonne délicieusement ; c'est le charme qui enivre, et l'enchantement qui ravit.

L'amour remplit d'ivresse et fait apparaître les objets sous d'autres aspects plus riants. Quand il entre tout à coup dans une âme, il est comme l'éclair qui éblouit et illumine.

L'amoureux est un être divin; car il est dans l'extase, et l'esprit divin s'est emparé de lui; il n'appartient plus à l'espèce humaine; il veut quitter la terre, et désire des ailes pour s'élever au ciel.

L'amoureux est un être plein de générosité; car il ne se possède plus. Toutes ses pensées, tous ses désirs, tous ses penchants le livrent à l'objet aimé. Il voudrait même lui donner son corps, le lier, l'enlacer et l'entrelacer au corps de l'objet aimé. Il voudrait plus encore : il désire que son corps se fonde entièrement et se réduise en vapeur assez subtile pour pénétrer dans les pores de l'objet aimé, se mêler à ses organes, et ne former avec lui qu'une unité rebelle à l'analyse, inséparable et indivisible.

A l'aspect de la beauté, qui est ce qu'il y a de plus séduisant sur la terre, l'amoureux éprouve un frémissement de plaisir et de joie; il est chatouillé délicieusement; il se sent inondé d'un fluide odorant et fortifiant; une douce fraîcheur se répand sur tout son être; et cependant le feu de la volupté le dévore.

L'amoureux passe pour un insensé; mais que lui importe? son délire et sa passion ne le rendent-ils pas le plus heureux des mortels? et le bonheur n'est-il pas ce que tout le monde cherche ici-bas?

On accuse les amoureux de faiblesse; mais les hommes les plus forts et d'âme et de corps n'ont-ils pas succombé aux attaques de l'amour? On a beau vouloir résister, on est saisi et transporté malgré soi et malgré tous ses efforts. Le guerrier, l'orateur, le philosophe sont vaincus par l'amour : nul n'ose le braver, et ce n'est qu'en l'évitant qu'on peut échapper au plaisir d'en être frappé.

L'amour ne craint aucun obstacle. La fortune met souvent entre deux amants une distance incommensurable, l'amour parvient à la mesurer et à la parcourir. La naissance élève souvent une montagne infranchissable entre deux amants; l'amour parvient à la franchir. La religion, les coutumes, les préjugés forment souvent des remparts très épais entre deux amants; l'amour y fait une brèche et entre en vainqueur dans la place. Rien ne saurait résister à l'amour; car il est assez fort pour briser tous les obstacles.

Une lutte admirable à voir, et digne du regard de l'observateur attentif, c'est la lutte de l'amour et de l'ambition. Certes ce n'est pas un terrain ordinaire celui où se livre ce combat; ce n'est pas une ame vulgaire qui sent retentir en elle les attaques réciproques de ces deux passions vigoureuses. Voyez l'ambitieux dans les combats : toujours en tête et le premier, il ne craint aucun danger, et n'est effrayé ni par le bruit de l'artillerie, ni par le grand nombre de projectiles qui se croisent près de lui, ni par la foule des ennemis : et cependant auprès de l'objet aimé, c'est un agneau timide qui se laisse orner de fleurs et de rubans, et conduire par un simple et léger lien : sa force l'a abandonné; il n'a plus que sa faiblesse : ce n'est plus le guerrier qui tonne et marche avec intrépidité; c'est l'amant qui gémit et qui tremble. Voyez l'ambitieux à la tribune : ses discours véhéments font retentir les voûtes de la salle des délibérations ou l'air sonore du forum ; il impose son opinion à son auditoire étonné ; et s'il s'élève une opinion contraire à la sienne , il frémit d'impatience, il s'irrite orgueilleusement, il s'élance pour répondre , sa voix saccadée trahit l'émotion forte de son ame, sa logique résonne avec vigueur, son éloquence donne une forme visible à son raisonnement qu'elle fait apparaître menaçant ; il serre, il presse, il étreint son adversaire, le met en poudre, et livre et jette sa poussière aux vents qui la prennent et la dispersent : et cependant auprès de l'objet aimé il ne trouve aucune parole; le silence est sa seule éloquence ; aucune objection ne se présente à son esprit ; aucune bonne raison ne sort de sa bouche : ce n'est plus l'orateur brillant et fécond ; c'est l'amant qu'aveugle l'amour, et que dessèche la volupté.

Rien ne peut dompter l'amour. L'abstinence ne fait que l'irriter; l'absence garde soigneusement son souvenir; la distraction en rappelle l'image dans chaque objet nouveau.

L'amour est le plus grand des plaisirs. Qu'importe à l'amant le plaisir de la table, de la musique, des parfums, des théâtres et des bals? son amour lui fait goûter l'ambroisie et le nectar, lui fait entendre la plus ravissante harmonie, lui fait respirer les essences les plus suaves, lui fait voir les spectacles les plus enchanteurs , et l'agite en cadence le plus voluptueusement.

L'amour qui est fondé sur le charme d'aimer et d'être aimé est une noble et grande passion. Il donne les plus hautes vertus, le courage, l'émulation, le désir pur de la gloire ; il fait les guerriers, les orateurs, les poètes, les peintres et tous les grands artistes ; car, sachant que l'estime produit l'amour et le conserve, on tend surtout à se faire estimer. Sans amour, point de génie : on peut posséder des talents brillants, mais on n'a pas le feu sacré.

L'amour est le signe d'un cœur sensible, généreux et honnête : il est donc très estimable. Il compatit avec dévouement aux peines de l'objet aimé ; il méprise la richesse, et n'estime que les cœurs remplis de droiture, de franchise et de probité.

Les vices, la perversité, la corruption lui font horreur, et il s'en éloigne avec mépris et dédain. Il est comme un oiseau délicat qui ne se poserait que sur les fleurs nouvellement écloses, ne volerait que dans les lieux parfumés, et ne boirait qu'aux sources claires et limpides des fontaines, fuyant tout ce qui est flétri, fané, fétide et fangeux.

Aucun dévouement n'approche de celui de l'amour. Les amants seuls savent se sacrifier mutuellement leurs goûts et leurs plaisirs, et peuvent seuls mourir l'un pour l'autre.

C'est la seule passion qui autorise et approuve même les bassesses. Un amant peut flatter, baisser son front jusqu'à terre, ramper, supplier, tomber à genoux, baiser la place où un pied s'est posé, manger la poussière qui couvre une chaussure : loin d'être méprisé, il plaira et sera hautement applaudi.

Le véritable amour détruit toutes les mauvaises

passions ; il combat la haine, la discorde et la guerre, et fait naître la charité, l'union et la paix. C'est lui qui calme les tempêtes des passions humaines et la tourmente des douleurs, et ramène les jours sereins et les horizons joyeux et riants.

Le beau, le bon, l'utile lui plaisent toujours, et sont produits et protégés par lui. C'est l'extase de l'amour qui demande des chefs-d'œuvre, et c'est elle qui les compose.

Ne craignez donc pas de céder à l'amour : il est honnête, il est honorable de se rendre à l'amour d'un homme vertueux, dont les motifs sont délicats, et dont les intentions sont pures.

Il est honnête, il est honorable d'aimer une femme belle, douce et candide, une femme au large front où rayonne l'intelligence, aux longs cheveux soyeux, aux yeux modestes, à la bouche petite qui fait entendre des paroles aimables et éloquentes, à la peau fine et transparente, au teint de marbre blanc, à la taille élégante et légère parfaitement pro-portionnée, aux pieds courts et menus, aux petites mains potelées, au maintien noble et imposant, à la démarche gracieuse, aux mouvements souples et élastiques ; il est glorieux d'aimer un pareil être : en être aimé est le suprême bonheur.

Malheur ! malheur à ces hommes blasés, qui ne sentent absolument rien dans leur cœur insensible, qui ne sont émus que par de sales voluptés, et qui ne connaissent que la passion de l'or et des plaisirs vils et stupides qu'il procure. Eh ! malheureux ! où vous conduira votre égoïsme, votre cupidité et votre

insensibilité? Non pas à tuer l'amour, car il est plus
fort que vous : il peut souffrir aux époques de corruption ; mais il ne meurt jamais : Dieu a mis dans
le cœur humain un penchant qui attire un sexe vers
l'autre sexe , que rien ne peut détruire , et qui
reparaît triomphant aux époques de rénovation. Non
sans doute, vous ne tuerez pas l'amour ; mais le
penchant qui attire l'homme vers l'homme n'étant
pas aussi fort que celui de l'amour, vous tuerez certainement l'amitié et la charité.

CHAPITRE XVIII.

De l'amitié et de la charité.

Il ne suffit pas que les maris et les femmes s'aiment, que les parents et les enfants s'aiment : il faut encore que les frères s'aiment, que les cousins s'aiment, que les citoyens s'aiment, que les hommes s'aiment. Ne sommes-nous pas tous parents et enfants, la génération qui s'en va ayant engendré la génération présente, qui a engendré la génération qui s'avance ; ne sommes-nous pas tous frères germains, membres de la grande famille humaine? Ne sommes-nous pas tous concitoyens du grand empire de la terre ?

Que l'amitié réunisse donc tous les hommes en couples tendres et affectionnés, et que la charité réunisse tous les couples en une seule famille aimante et bienfaisante.

L'amitié est pleine de charme et de bonheur, et toujours sous l'impression d'une chaleur qui ne brûle ni ne dévore, mais qui est toujours à la température d'une douce tiédeur.

L'amitié chasse toutes les mauvaises passions qui font le tourment et le chagrin de l'espèce humaine, qui torturent et qui déchirent les ames malheureuses des hommes. Elle s'oppose à ce que l'envie, la jalousie, le ressentiment, la haine, la vengeance entrent dans les cœurs de ceux qu'elle unit et dont l'exemple attrayant s'étend sur la société comme une rosée rafraîchissante et fécondante.

L'amitié fait naître l'égalité; car tout est commun entre amis. Celui qui a de la fortune ne l'apprécie que parce qu'il la fait partager à son ami; celui qui a un cerveau plein de bons conseils ne l'apprécie que parce qu'il lui sert à guider son ami; celui qui a des talents ne les apprécie que parce qu'il les enseigne à son ami; celui qui a de la gloire n'en est fier que parce qu'il sait que l'amour-propre de son ami en est flatté; celui qui a du pouvoir et du crédit n'en est content que parce que son pouvoir et son crédit le mettent à même de protéger son ami.

Point de parfait contentement sans l'amitié. Il n'y a de véritable joie que celle qui est communiquée. Si l'on n'a pas un ami à qui l'on en fasse confidence, à quoi servent les jouissances de l'amour-propre? Elles se changent en peines; elles pèsent dans le cœur d'un poids accablant. A quoi sert la vertu? quel plaisir retirons-nous de nos bonnes actions, si nous n'avons pas un ami qui nous approuve et nous félicite? Que nous font nos triomphes, s'ils ne sont pas applaudis par un ami?

L'amitié est le partage des âmes généreuses et vertueuses; elle fuit les méchants et laisse dans la solitude les égoïstes, les avares, les traîtres et les parjures.

Riches ou pauvres, l'amitié sera toujours un bien pour vous; elle vous fera jouir de vos richesses et vous consolera de votre pauvreté.

Qui que vous soyez, qui avez vécu jusqu'ici sans amitié, vous vous êtes privé du bien le plus précieux de la terre. Hâtez-vous d'acquérir ce bien délectable : faites-vous un ami : plus vous l'aimerez, plus vous y trouverez de charme et plus vous voudrez l'aimer.

Quand on aime véritablement un homme, on n'a pour nul autre la même amitié; mais on peut et l'on doit avoir pour tous les autres une bonne et douce charité.

Aimer les hommes c'est se préparer le jugement favorable de Dieu et les récompenses célestes. « On » est sûr de plaire à Dieu en exerçant envers les » hommes tous les devoirs de la charité et de l'hu- » manité (1). »

Quand vous regardez à votre fenêtre, quand vous marchez dans la rue, quand vous parcourez une route, quand vous voguez sur les mers, quand vous voyagez dans les pays étrangers, ne voyez-vous pas qu'il y a des malheureux qui ont faim et qui ont

(1) Montesquieu.

froid, qui sont fatigués, qui sont exposés à de graves dangers, qui travaillent péniblement et suent beaucoup? Ne voyez-vous pas qu'ils ont besoin de charité?

Qu'importe au monde que vous ayez mesuré exactement le globe de la terre, que vous ayez découvert d'autres hommes dans une planète, que vous ayez calculé combien il tombe de mètres cubes d'eau dans l'année sur tel ou tel point de l'Europe, que vous ayez fait des statistiques des indigents et de la nourriture de chaque province, que vous soyez un illustre savant, que vous ayez d'admirables talents, qu'importe au monde, si vous n'avez pas de charité? « Si tous ces talents sont séparés de la charité,
» et ne sont pas dirigés vers le bien commun du
» genre humain, ils produiront plutôt une vaine
» gloire que des fruits solides (1). »

Si vous ne pensez qu'à vous, si vous n'aimez que vous, si vos intérêts seuls vous occupent, si vous voulez vous enrichir au détriment des autres hommes, si votre satisfaction seule vous touche, si vous aimez et recherchez l'injustice qui est profitable à votre fortune, si vous ne savez compatir à aucune peine, consoler aucun chagrin, venir au secours d'aucun besoin; allez! vous êtes un être odieux, une peste, un fléau! allez! vous êtes un être abominable, un produit informe de quelque vice détestable! allez! vous êtes un monstre!

Aimez-vous les uns les autres, soyez enflammés

(1) Bacon.

d'amitié et de charité, et vous n'aurez pas besoin de lois ; et vos législateurs, n'ayant presque plus rien à faire en ce genre, pourront passer une grande partie de l'année dans leurs provinces, y cultiver leurs terres, s'y occuper de leurs intérêts et y encourager l'agriculture, le commerce et l'industrie. Ayez la charité qu'ordonne l'Évangile, et les lois n'auront pas besoin de vous enseigner vos devoirs. « Le précepte » de Jésus-Christ qui ordonne *d'aimer notre pro-* » *chain comme nous-mêmes*, est d'une vérité si capi- » tale pour la conservation des sociétés humaines, » qu'elle suffit toute seule pour déterminer la plu- » part des cas qui regardent les devoirs de la vie » civile (1). » Alors vous serez facilement gouver- nables, et vous n'aurez besoin que *d'honnêtes gens* au pouvoir.

(1) Locke.

CHAPITRE XIX.

Des honneurs et récompenses.

C'est de la sage distribution des honneurs et récompenses que dépend la stabilité d'un gouvernement. Si les méchants et les incapables sont rejetés et si les bons et les capables sont accueillis et recherchés, si le mérite est seul récompensé, le gouvernement sera estimé et aimé.

Il est très utile qu'il y ait dans un état des honneurs et récompenses pour le mérite, car les hommes aiment les distinctions : c'est dans leur nature, et c'est un grand bonheur; ce besoin de distinctions, en effet, est ce qui donne de l'émulation et porte aux grands talents, aux grandes vertus et aux grandes actions.

Il ne faut pas ajouter les avantages pécuniaires aux récompenses honorifiques: car alors elles seraient recherchées par les hommes avares, cupides, avides et insatiables, par les méchants enfin, qui, par leurs intrigues, leurs vives sollicitations, pourraient facilement les obtenir, comme on ne le voit que trop fréquemment; et au lieu d'honorer, elles pourraient faire rougir ceux qui les auraient obtenues à juste titre. Les services les plus bas, la perfidie, la trahison, le crime se paient avec de l'argent, et plus il y a de honte, ou d'horreur, ou de crime dans une action, plus elle exige d'argent de celui qui l'a commandée ou qui doit la payer : si l'on récompense de la même manière les actions honorables, dignes d'éloge et d'admiration, on les met au niveau du crime, et l'on relève ainsi le vice et l'on rabaisse la vertu : on fait le contraire de ce que prescrivent la morale et la politique.

On peut punir par l'argent : c'est dire aux hommes qu'ils sont corrompus et qu'on les traite comme ils le méritent. On ne doit pas récompenser par l'argent : c'est dire aux hommes qu'on met l'argent au-dessus de tout : c'est leur apprendre qu'on est soi-même corrompu; et ils se corrompent davantage, pour devenir imitateurs. Aussi les récompenses d'argent ne conviennent que dans les états despotiques, dont la corruption est le principe.

Plus il y a de vertu et d'honneur dans un état, et moins il en coûte à l'état pour récompenser le mérite. A la naissance et à l'époque de la plus grande gloire des états de l'antiquité, une couronne de chêne, de myrthe ou de laurier suffisait pour récompenser les plus belles actions et les plus grands services rendus à l'état ; l'approbation publique même suffisait ; le plaisir de faire une belle action excitait seul à l'entreprendre. Aujourd'hui, où nous avons tant de manières de répandre rapidement, en tous lieux, et de conserver à la postérité la plus reculée, la renommée des bonnes actions, ce genre de récompense est encore plus précieux et devrait être encore plus suffisant.

La presse en général, et la presse périodique, particulièrement, pourraient rendre d'immenses services, si les écrivains étaient justes et impartiaux, et voulaient bien se convaincre de la haute mission qu'il ont à remplir. Ils remplacent très avantageusement les censeurs des anciennes républiques. Leur approbation ou leur blâme flatte ou humilie davantage un homme d'honneur qui tient à sa réputation, qu'une récompense d'argent ou une amende qui n'aurait pas cette publicité. L'homme qui tient à l'estime publique et qui aime la véritable gloire, préférera toujours à toute autre récompense celle d'être loué par les journaux, les historiens et les poètes, et de voir ainsi son nom livré à l'estime de ses contemporains et ses actions offertes à l'exemple de la postérité.

Il eut une pensée grande et généreuse, celui qui dit que tous les mérites devaient être unis par une récompense semblable : c'est très utile pour faire cesser les rivalités des professions. Dans un état libre et bien administré, il ne faut pas de prérogatives attachées à une profession ; il faut des distinctions pour le mérite seul, n'importe où il se trouve.

Gardez-vous bien de prodiguer les distinctions honorifiques; il vaut mieux prodiguer l'argent, parce qu'on sait qu'il paie tous les services.

Il faut que les honneurs et récompenses dans tous les genres, les places, les dignités, les décorations et l'argent soient distribués avec prudence et sagesse, et ne paient que les services utiles. La corruption augmente lorsqu'ils sont accordés à l'intrigue et donnés suivant le caprice du roi et des ministres.

Si l'on récompense les petits mérites, la mémoire, par exemple, on n'aura pas de grands hommes, parce qu'on ne travaillera pas à le devenir. Qu'importe à la nation qu'un homme ait appris et retenu toutes les sciences connues, s'il n'a rien inventé et s'il n'a pas fait faire un pas à la science? Encore s'il avait une meilleure méthode d'enseigner, on pourrait lui en tenir compte; mais s'il ne sait que ce qui est contenu dans les livres, que nous importe? n'avons-nous pas à notre disposition les livres où il a puisé sa science, et où nous pouvons puiser aussi bien que lui? s'il n'a fait aucune découverte utile, que nous importe ce qu'a retenu sa mémoire? ce n'est qu'un nouvel exemplaire des livres imprimés. Quand on récompense ces petits mérites, les hommes se contentent d'apprendre les connaissances acquises, ils ne se donnent pas la peine de méditer pour en agrandir le cercle : alors on n'a que des hommes médiocres, le génie disparaît et tout reste stationnaire.

Si les hommes qui disposent des honneurs et récompenses ne sont pas animés de l'amour du bien public, le génie et le grand talent se verront enlever toutes les faveurs par la médiocrité et l'incapacité; et l'esprit de conduite ne servira plus à acquérir le mérite réel, mais seulement à acquérir le talent de l'intrigue.

Si vous accordez des honneurs et récompenses à des services qui ont été pénibles, le sont encore et doivent l'être, ou pour lesquels il a fallu braver des dangers, certainement personne ne pourra vous blâmer, et les envieux seront bien moins nombreux.

Il ne faut pas récompenser le génie et le grand talent qui sont inutiles, et encore moins ceux qui sont nuisibles. Qu'importe à la nation le génie d'un écrivain, si ses écrits n'ont qu'une utilité d'agrément pour le public : c'est alors une marchandise, et c'est au public à l'acheter suivant sa valeur. De quel droit un écrivain viendrait-il demander une récompense en présentant pour titres des écrits scandaleux, contraires à la morale, et par conséquent corrupteurs et nuisibles? Il doit s'estimer fort heureux s'il échappe à une punition. Un poète produit de fortes émotions sur ses lecteurs ou ses auditeurs par ses livres ou ses pièces dramatiques, mais ce sont des émotions de pitié, c'est un intérêt très prononcé pour des héros criminels ou immoraux : je prétends que ce poète, au lieu d'être récompensé, devrait être puni; et je dis que le sage de la Grèce a eu raison de bannir cette espèce de poètes de sa république.

Les poètes qui prouveraient l'existence de Dieu

d'une manière agréable et brillante, seraient utiles
et devraient être récompensés. « Les poètes ren-
» draient le plus grand service à l'état, s'ils travail-
» laient de toutes leurs forces à graver dans les
» esprits et à peindre des plus vives couleurs la féli-
» cité éternelle (1). » Ils feraient naître l'envie de la
mériter par la vertu, et devraient être récompensés. Les poètes qui loueraient le roi de ses bonnes
actions, et le feraient aimer et honorer par le peuple, seraient utiles à la stabilité du trône, qui, chez
certaines nations, est indispensable au bonheur public, et devraient être récompensés. On devrait surtout récompenser les poètes qui prêchent une excellente morale.

Il est absurde qu'on exige, pour un ordre de che-
valerie purement honorifique, qu'on reste un certain temps dans un grade inférieur avant de passer
au grade immédiatement supérieur. Il est tels services, il est tels mérites qu'il est nécessaire de récompenser d'une manière grande; et les personnes
qui ont rendu de tels services et qui ont de tels mérites, ne peuvent pas rester longtemps dans les
grades inférieurs sans que le public ne crie à l'injustice. Une telle disposition est bonne pour les services ordinaires et les mérites communs, mais non
pas pour les services éclatants et les mérites su-
blimes.

Ne fixez pas par des lois les conditions des récompenses honorifiques. Si cependant vous craignez

____

(1) Leibnitz.

que le gouvernement abuse des décorations pour se faire des partisans, ou qu'il les accorde trop facilement aux sollicitations, ordonnez seulement qu'il sera tenu de rendre compte des nominations de ce genre, et d'en publier les motifs, et qu'aucune personne dépendante du gouvernement n'aura le droit de solliciter directement auprès des ministres, et que les demandes de décorations ne pourront être adressées aux ministres que par les chefs supérieurs des administrations et de l'armée, à qui seulement les subordonnés pourront faire leurs demandes; ordonnez encore que toutes les demandes seront contenues dans une seule liste, où seront inscrits les noms et les droits des solliciteurs, et qu'il ne pourra être adressé qu'une liste par mois au gouvernement, et qu'il n'y aura qu'une seule ordonnance de nomination. Certainement le ministre réduirait bien souvent la liste, et il y aurait par conséquent beaucoup moins de nominations. Quant aux particuliers, ils pourraient adresser directement leurs demandes. Cependant ils feraient bien mieux d'attendre que le cri public les désignât au gouvernement.

Les hauts emplois et les dignités devraient toujours être obtenus par le mérite supérieur sans aucune autre condition. Il pourrait être nuisible de faire d'un âge fixé une condition indispensable : des jeunes gens ont souvent remporté des victoires et repoussé l'agression, et fait en cela ce que des hommes plus âgés n'auraient probablement pas fait. Le génie d'un ministre qui a lutté naguère avec le génie d'une révolution et le génie d'un grand homme, n'avait-il pas été précoce comme le génie de la plupart de ceux qui dirigeaient cette révolution, et le génie du grand homme? Exiger certains diplômes peut être nuisible : des circonstances indépendantes de la volonté peuvent avoir empêché un homme d'un mérite supérieur de se procurer ces diplômes : est-ce un motif pour se priver de ses lumières, si elles sont très utiles à l'état? Le génie n'est pas chose ordinaire, et ne doit pas être soumis aux règles et conditions ordinaires.

En général, les gouvernements ne doivent s'imposer aucune condition qui puisse les priver des services d'un mérite parfaitement reconnu, et des facultés de le récompenser dignement.

La distribution sage, juste et équitable des honneurs et récompenses, est ce qui contribue le plus à calmer les factions, et à prévenir les séditions et révolutions.

CHAPITRE XX.

Des factions, séditions et révolutions.

J'ai dit que par la distribution sage et équitable des honneurs et récompenses, on parvenait mieux que par tout autre moyen à calmer les factions; mais je n'ai pas dit qu'on pût et qu'il fallût les éteindre. Des factions furieuses qui tendent aux émeutes, aux séditions et aux révolutions, sont très certainement nuisibles, et l'on doit employer toutes les manières pour les calmer; mais des factions qui ne s'étendent pas au-delà du parlement et d'une partie de la presse périodique, sont très souvent utiles et deviennent un ressort nécessaire du gouvernement représentatif.

A Dieu ne plaise que je veuille empêcher les discussions! Elles sont le fruit de la liberté, et prouvent que l'arbre a de la vie et de la force ; mais je demande qu'elles soient inspirées par l'amour de la patrie, et non par l'intérêt particulier; qu'elles soient le choc des diverses opinions sur ce qu'il y a de mieux à faire pour le bonheur du peuple, et non pas la lutte des intérêts particuliers.

Les ames des hommes sont encore plus différentes que leurs corps. Dès qu'il leur est permis de se répandre au dehors, elles montrent une foule de passions diverses. Un bon gouvernement oppose ces passions les unes aux autres, et s'empare de la vérité que leur choc fait jaillir.

Dès que vous voyez un état où les passions ne se montrent pas, vous devez penser qu'il y a un obstacle très fort qui s'y oppose. Cet obstacle est souvent la crainte ou la terreur : cet état est sans doute gouverné par un ou plusieurs tyrans qui bâillonnent les bouches et enchaînent même la pensée au fond des cœurs. Cet obstacle est quelquefois l'indifférence du bien public : les citoyens s'occupent de leurs affaires particulières sans penser à celles de l'état : cette nation court à sa ruine. Si vous n'apercevez aucun symptôme de tyrannie et d'oppression dans un état où il n'y a pas de passions, son peuple est évidemment stupide, et sera incessamment la proie de celui qui voudra bien être le maître d'un pareil troupeau d'esclaves. Là où il n'y a pas de passions, il y a crainte, faiblesse, indifférence, stupidité.

Gardez-vous donc bien d'éteindre les passions. Vous n'auriez qu'un peuple indifférent qui tomberait bientôt dans l'ignorance et la misère, incapable de se remuer pour se procurer les objets les plus indispensables à son existence. Il n'aurait bientôt plus ni force, ni énergie, ni jugement, ni raison ; et lors même qu'il conserverait sa raison, elle manquerait de force, et ne produirait rien d'utile aux progrès de l'état.

Excitez, au contraire, les passions du peuple ; créez-lui des besoins : il deviendra actif, hardi et entreprenant ; il travaillera avec ardeur à la culture de ses terres ; il augmentera les produits des manufactures ; il sortira de chez lui et se répandra chez tous les peuples voisins ; il s'élancera sur toutes les mers ; il étendra son commerce et en augmentera l'importance jusqu'aux pays les plus lointains : il deviendra riche et soutiendra son gouvernement qui trouvera en lui toutes les ressources qu'il pourra désirer.

Laissez se former des factions et prenez garde seulement qu'il n'y en ait qu'une seule ; car, dans ce dernier cas, vous n'auriez aucun moyen d'éviter les attaques de l'opposition, et vous auriez probablement de la peine à lui résister. Quand, au contraire, il y a plusieurs factions, vous opposez habilement l'une à l'autre, et vous vous avancez glorieusement pendant qu'elles s'épuisent en discussions qui détournent de vous leur attention ; et, retenues mutuellement, elles ne peuvent entraver votre marche et vous arrêter dans votre course.

Mais il ne faut pas exciter un mécontentement général ; car, alors, toutes les factions s'unissent contre le gouvernement, l'entravent dans tout ce qu'il fait, s'opposent même au bien qu'il pourrait faire, et l'accusent et le poursuivent de toutes les manières.

Ce mécontentement général peut être produit par des abus du pouvoir, des injustices, des privilèges d'une part, et la privation de tous les droits de l'autre, l'oppression générale, l'avancement des hommes sans mérite, les impôts excessifs et les dilapidations ou le mauvais emploi des deniers publics ; et alors naissent les séditions, et se font quelquefois les révolutions.

Une cause de séditions, c'est lorsque, le gouvernement indifférent, n'ayant pas assez encouragé et favorisé l'agriculture, le commerce et l'industrie, la misère est à son comble ; et ce sont les séditions les plus dangereuses ; car le peuple affamé n'entend aucune raison et se porte aux derniers excès. Alors il se commet des crimes horribles ; car c'est le peuple seul qui agit, c'est la basse classe qui se soulève entière contre les riches ; elle n'est donc retenue par aucune subordination, aucune obéissance, aucun frein, et elle se livre à toute sa férocité.

Une société où l'inégalité des fortunes est trop grande est semblable aux terrains trop inégaux des pays nouvellement découverts, ou qui ont été abandonnés. Les coteaux ont quelques arbres qui verdissent, et tous les vallons sont des marais infects qui empoisonnent l'air, et tueraient ceux qui seraient tentés de venir habiter les coteaux. Les passions mauvaises croupissent dans la classe pauvre quand il y a une trop grande inégalité de fortunes, et leur venin s'élève jusqu'à la classe riche, l'empoisonne et peut la détruire.

Une grande cause de séditions et de révolutions, c'est lorsque la religion, protectrice des bonnes mœurs, est méprisée ; lorsque la justice n'est pas accessible à toutes les fortunes, qu'elle encourage et prolonge les procès, et surtout qu'il y a déni de justice pour le pauvre ; lorsque le gouvernement imprudent fait des fautes fréquentes, lorsque la dette publique augmente avec l'augmentation des impôts.

Une cause de séditions et souvent de révolutions, c'est lorsque l'un des trois principes monarchique, aristocratique et démocratique, a une supériorité très marquée sur les deux autres. Chaque principe opprimé a d'abord sa faction : avec de l'habileté on peut se maintenir assez longtemps en opposant ces deux factions l'une à l'autre, en penchant tantôt d'un côté, tantôt de l'autre, pour gagner l'une ou l'autre ; mais elles finissent par s'apercevoir qu'elles sont dupes, et elles s'unissent contre le principe oppresseur.

Il y a maintenant de sinistres pronostics à l'horizon des nations de l'Europe : il y aura des séditions et des révolutions en Europe, si la prudence et la sagesse des gouvernements ne sait pas les prévenir. Deux principes sont en lutte : le principe aristocratique et le principe démocratique. Des personnes prétendent qu'il y a lutte aussi entre le principe monarchique et le principe démocratique : cette lutte est très faible, et le danger est exagéré par l'aristocratie qui veut appeler ainsi la royauté à son secours, en lui faisant croire qu'elle est surtout attaquée, et se cacher et se mettre à l'abri des attaques

derrière le trône ; mais elle ment ; et c'est elle
surtout qui fait du tort à la royauté et la compromet,
et pourrait être cause qu'elle courrait, en effet, de
grands dangers dans la lutte : la démocratie maintenant aime et respecte la royauté, parce qu'elle sait
que la royauté est ce qui préserve les états de l'a-
narchie, et parce que la royauté est, en général,
assez douce pour le peuple et très faiblement oné-
reuse à la nation. Il y a plutôt lutte entre la monarchie et l'aristocratie qui se disputent la prééminence
de leurs prérogatives et privilèges. Mais la lutte principale est entre l'aristocratie et la démocratie : c'est
aux privilèges de quelques uns qui gouvernent
arbitrairement et pour eux seuls, qui jouissent seuls
de la liberté, qui exercent seuls les droits politiques,
qui font peser des charges énormes sur les peuples,
qui se partagent et dépensent en plaisirs frivoles
et en luxe orgueilleux, les revenus de la nation,
c'est aux privilèges de l'aristocratie de noblesse ou
de fortune qu'en veut la démocratie. Elle n'a pas, cependant, une haine acharnée contre l'aristocratie,
et il n'y aurait rien de funeste à craindre, s'il n'y
avait pas une opiniâtre résistance : la démocratie
ne veut détruire que la supériorité de l'aristocratie,
et son but n'est que de ramener l'égalité entre elles
deux ; et, si elle réussit, la royauté, loin de s'en
trouver mal, s'en trouvera très bien ; elle sortira de
la tutelle humiliante où la tient l'aristocratie, et
nous apparaîtra glorieuse et resplendissante.

Les meilleurs moyens de calmer les factions trop
irritées, et, d'empêcher les séditions et les révolu-

tions, sont d'établir un parfait équilibre entre les
principes monarchique, aristocratique et démocratique, et des prérogatives égales entre les pouvoirs
législatif et exécutif, de détruire l'excessive inégalité des fortunes, d'amener la prospérité de la nation
et de pousser les peuples en avant, après s'être convaincu de la nécessité du progrès.

CHAPITRE XXI.

De la nécessité du progrès.

Pourquoi les rois de l'Europe sont-ils insultés et compromis? Pourquoi les prérogatives royales semblent-elles lutter contre les prérogatives parlementaires? Pourquoi ces changements rapides et fréquents des ministres? Pourquoi les peuples se plaignent-ils de l'aristocratie? Pourquoi les impôts grossissent-ils toujours avec les dépenses? Pourquoi la dette publique ne fait-elle qu'augmenter chaque année? Pourquoi le commerce, qui se donne beaucoup de mouvement et double ses entreprises, se plaint-il que les bénéfices diminuent? Pourquoi l'intérêt de l'argent a-t-il baissé? Pourquoi les ouvriers ne trouvent-ils pas du travail? Pourquoi le nombre des indigents croit-il sans cesse? Pourquoi l'industrie s'étend-elle et se gonfle-t-elle pour crever, comme la grenouille?

Pourquoi tant de luxe, tant de faillites, tant de banqueroutes? Pourquoi la corruption infecte-t-elle toutes les classes de la société? Pourquoi entend-on parler de tant de vols et de crimes inouïs? Pourquoi tant de procès devant les tribunaux? D'où vient cette immoralité dans les paroles et les actions, dans les livres et aux théâtres, dans les rues et dans les salles de bal? D'où vient cette inquiétude, ce malaise, cet ennui, cette souffrance morale qu'on voit sur tous les visages? D'où vient cette maladie qui ronge le cœur et tous les organes du corps social? C'est parce qu'il y a nécessité du progrès.

Que doit désirer une nation? c'est évidemment d'atteindre le plus haut point de la civilisation. Voyons donc si vous êtes assez civilisés, et si vous avez le droit de vous vanter de votre civilisation.

« Dans la jeunesse des empires, c'est la profession
» militaire qui fleurit; puis viennent les lettres, les
» sciences et les arts; à l'époque suivante, les armes
» et les arts libéraux fleurissent ensemble; enfin,
» sur le déclin des états, ce sont les arts mécaniques
» et le commerce qui sont en honneur (1). » Voilà bien quatre époques de l'existence des sociétés; mais il y en a une cinquième qui est celle de la plus haute civilisation : c'est l'époque où la profession militaire, les lettres, les sciences, les arts, le commerce et l'industrie fleurissent ensemble. Etes-vous dans cette époque? Non sans doute; car je n'entends parler que d'intérêts matériels; il n'est question que des arts

(1) Bacon.

mécaniques et du commerce et des avantages positifs de l'argent ; et cependant le commerce et l'industrie souffrent : vous penchez donc vers votre déclin. Vous vous êtes dégoûtés de la course avant d'arriver à la civilisation : vous avez quitté la route de la civilisation pour prendre celle de la corruption, ou du moins vous avez rétrogradé. Il y a donc nécessité d'une rénovation ou d'une nouvelle marche en avant : il y a donc évidemment nécessité du progrès.

Qui pourrait le nier ? qu'on m'écoute, et qu'on me réponde, si l'on peut.

Y a-t-il assez de vertu ? Non ; car, il n'y en aura assez que lorsqu'elle sera respectée et honorée, et non pas méprisée comme elle l'est maintenant. Loin d'admirer l'homme vertueux, vous le tournez en ridicule. Il y a donc nécessité du progrès.

Vos constitutions sont-elles favorables au bien général ? hélas ! elles donnent tous les privilèges, tous les droits à quelques uns, et mettent toute la force, toute la fortune de l'état entre leurs mains, et ne tiennent aucun compte de la classe moyenne. Il y a donc nécessité du progrès.

L'intérêt personnel est-il subordonné à l'intérêt général ? ces deux intérêts sont-ils du moins parfaitement d'accord ? C'est ce qu'il faut. « Là où l'asso-
» ciation est telle que chacun ne voit l'état que dans
» sa propre maison, là où l'union est une simple
» ligue contre la violence, il n'y a point de cité, à
» y regarder de près. La cité ne consiste pas dans
» la communauté du domicile, ni dans la garantie
» des droits individuels, ni dans les relations de

» commerce et d'échange : ces préliminaires lui sont
» indispensables, mais ne la constituent pas. La cité
» c'est le bonheur commun des individus associés,
» c'est une aisance suffisante et complète pour les
» familles et les classes diverses d'habitants (1). »
Vous ne prétendrez pas sans doute qu'il y a bonheur
commun, aisance générale ? Il y a donc nécessité du
progrès.

Les sciences morales et politiques n'ont encore
produit aucun bien ; l'intérêt privé est toujours le
mobile des actions des hommes ; et cependant il est
très vrai que le contraire est le meilleur fondement
de la société. Il y a donc nécessité du progrès.

Pourquoi résister à cette nécessité? Pourquoi vous
opposer à la marche du peuple? Il veut plus de bien-
être : c'est un désir bien simple et bien naturel. Il
le veut sans trouble et sans désordre : pourquoi
donc votre résistance? Elle est imprudente et impolitique ; car elle n'est bonne qu'à irriter le peuple.

Au lieu de vous opposer à la marche du peuple,
vous devriez plutôt le guider vous-mêmes, et le
détourner des mauvaises voies qu'il pourrait prendre, et le distraire des mauvaises pensées qu'il
pourrait concevoir.

La prospérité décroît d'une manière sensible, et
la misère et le nombre des indigents augmentent
d'une manière effrayante; les maux de la nation
sont alarmants : vous n'avez ni sensibilité, ni charité
si vous vous opposez plus longtemps à leur guérison.

(1) Aristote.

Il y en a parmi vous dont la résistance est inspirée par la peur : ils ne voient dans le progrès que
séditions et révolutions et dangers infinis. Imprudents ! Qu'ils apprennent donc que le plus grand
danger est dans leur résistance ! « Toutes ces précau-
» tions qu'on prend contre le danger, ne sont pas
» elles-mêmes sans danger (1). »

D'autres, au contraire, sont parfaitement tranquilles, et vont partout répétant : le peuple crie
toujours sans sujet et sans motif ; le peuple est
toujours mécontent, c'est chez lui une manie qu'il
pousse bien rarement plus loin : cela ne nous
inquiète pas du tout. Je leur dis qu'ils se rassurent
trop facilement, et qu'il est temps de prévenir le
danger par de sages concessions. « Le gouvernement
» ne doit pas se trop rassurer par cette seule consi-
» dération que ces mécontentements qui se mani-
» festent ont eu lieu fréquemment, ou subsistent
» depuis longtemps ; car, quoique tout nuage n'ex-
» cite pas une tempête, cependant s'il en passe
» beaucoup, à la fin il en viendra un qui crevera,
» et qui donnera du vent ; et si tous ces petits nuages
» qu'on méprise viennent à se réunir, la tempête,
» pour avoir été retardée, n'en sera que plus af-
» freuse (2). »

Je dis à ceux qui ont de bonnes intentions : il y
a nécessité du progrès ; vous devez le reconnaître et
faire tous vos efforts pour en faire commencer la

(1) Bacon.

(2) Idem

marche, en vous réservant les moyens de la diriger de la manière la moins nuisible à la sécurité et à la stabilité de l'état, et la plus utile au bien général.

Vous devez d'abord et surtout retirer le gouvernement des mains *des gens de bon sens.* « Le corps
» politique est-il sain, *les gens de bon sens* peuvent
» être appelés aux grandes places et les remplir di-
» gnement. L'état est-il attaqué de quelque maladie,
» ces mêmes *gens de bon sens* deviennent alors très
» dangereux. La médiocrité conserve les choses dans
» l'état où elle les trouve : ils laissent tout aller
» comme il va : leur silence dérobe les progrès du
» mal, et s'oppose aux remèdes efficaces qu'on y
» pourrait apporter ; ils ne déclarent ordinairement
» la maladie qu'au moment où elle est incurable (1). »

Vous devez retirer le gouvernement des mains des paresseux. « Le paresseux, l'homme qui diffère jus-
» qu'au dernier moment, est ensuite forcé de se faire
» un chemin à travers des broussailles et des épines
» qui l'arrêtent à chaque pas (2). »

Vous devez retirer le gouvernement des mains des égoïstes, de ces gens qui ne veulent pas troubler leur digestion en s'occupant des choses utiles au bien-être général, qui voient venir le mal et ne veulent pas se donner la peine de le prévenir, parce qu'il pensent qu'il n'arrivera qu'après leur mort. Ce sont des pères dénaturés dont l'égoisme pourrait bien retomber sur eux et sur vous. « Quand quelque homme bien inten-

(1) Helvétius.
(2) Bacon.

» tionné parle de ce que deviendra la postérité,
» on répond *alors comme alors;* mais il pourra arri-
» ver à ces personnes d'éprouver elles-mêmes les
» maux qu'elles croient réservés à d'autres (1). »

Mais ne donnez pas les rênes du gouvernement
aux démocrates, aux démagogues, à ceux que
trompe et égare leur exaltation populaire; car ils
pourraient conduire la nation à l'anarchie; et je le
dis hautement : il vaut cent fois mieux rester où
vous êtes que de vous précipiter dans le gouffre des
révolutions, et tomber dans l'anarchie qui est l'état
le plus contraire à la liberté.

Dites aux démocrates exaltés, à ceux qui veulent tout réformer instantanément : « Vouloir en-
» treprendre de changer d'un coup ou de réformer
» à sa manière les habitudes de tout un peuple,
» n'est ni facile ni certain, parce qu'il faut pour cela
» beaucoup de temps et une grande autorité et puis-
» sance. Il ne faut faire aucun changement pour des
» motifs frivoles et communs, et nous ne devons
» opérer que le bien nécessaire, afin que nous ayons
» pour excuse la nécessité, et pour encouragement
» la grandeur et la beauté de l'entreprise (2). »

Méfiez-vous des brouillons. « Ces brouillons et
» remueurs de ménage, sous prétexte de réformer,
» gâtent tout (3). »

Dites à ceux qui sont trop pressés et qui veulent

(1) Leibnitz.
(2) Plutarque.
(3) Charron.

se précipiter tête baissée dans le progrès; dites aux novateurs trop téméraires : « Le plus grand des no-
» vateurs c'est le temps; pourquoi ne pas l'imi-
» ter (1)? »

Dites à ceux qui veulent tout renverser et tout détruire que vous ne sauriez vous en rapporter à leur habileté pour reconstruire; que vous voulez bien consolider et lier les murs qui penchent et qui sont lézardés; mais que vous ne voulez pas jeter à bas tout l'édifice; que vous voulez bien émonder l'arbre, mais non en couper le tronc. « Qu'on ôte les
» abus et qu'on laisse subsister les choses; voilà
» la grande règle : *tollatur abusus, non res* (2). »

Hommes équitables de tous les partis, qui voulez sincèrement le bien général, c'est à vous seuls que je parle; car je sais que je m'adresserais en vain aux opinions obstinées, qui se sont formées sans réflexion, et qui sont incapables de raisonner. « Combien y a-t-il de gens qui pensent avoir formé
» des jugements exacts sur différentes matières, par
» cette seule raison qu'ils n'ont jamais pensé au-
» trement; qui s'imaginent avoir bien jugé, par cela
» seul qu'ils n'ont jamais mis en question ou exa-
» miné leurs propres opinions! Cependant ces
» gens-là soutiennent leurs sentiments avec le plus
» d'opiniâtreté (3). » Ce n'est pas à eux que je m'adresse; car je sais bien que ce serait inutile. Je

(1) Bacon.

(2) Leibnitz.

(3) Locke.

ne m'adresse pas plus à ceux qui veulent tout renouveler qu'à ceux qui veulent tout conserver.
« Il en est peu qui soient de tempérament à garder
» quelque mesure, et à tenir le juste milieu entre
» ces deux extrêmes : arracher ce que les anciens
» ont planté de meilleur, ou dédaigner ce que les
» modernes proposent de plus utile (1). » C'est à ce
petit nombre d'hommes que je m'adresse ; c'est à
vous que je parle, hommes équitables et impartiaux.

Croyez-vous que l'homme ne puisse pas aspirer
à plus de sciences, de talents, de liberté et de bonheur? « Nous sommes nés avec des facultés capables
» de nous mener beaucoup plus loin qu'on ne
» pense ; mais il n'y a que leur exercice qui nous
» rende habiles en quoi que ce soit, et qui nous ap-
» proche de la perfection (2). » Sans le progrès, ces
nobles facultés de l'homme perdent la plus grande
partie de leur utilité.

Supposé même qu'on soit dans un état prospère,
ce n'est pas en restant dans le même état qu'on peut
espérer rendre meilleure la condition de la classe
ouvrière. Elle doit, au contraire, se gâter ; car la
population n'attend pas le bon vouloir des gouvernements pour augmenter, et quand elle augmente
sans que la prospérité augmente aussi, le travail
reste le même pour un plus grand nombre d'ouvriers, et le salaire est nécessairement plus modi-
que pour chacun : la condition de l'ouvrier est

(1) Bacon.
(2) Locke.

alors essentiellement pire : celle de tous les membres de la société doit essentiellement s'en ressentir ; et le corps social doit incontestablement en souffrir. « Ce n'est pas l'étendue actuelle de la ri-
» chesse nationale , mais c'est un progrès conti-
» nuel qui donne lieu à une hausse dans les sa-
» laires du travail. C'est dans l'état progressif de la
» société que véritablement la condition de l'ou-
» vrier pauvre, celle de la grande masse du peuple,
» est plus heureuse et plus douce. L'état progres-
» sif est pour tous les différents ordres de la so-
» ciété l'état de la vigueur et de la santé parfaites ;
» le stationnaire est celui de la pesanteur et de
» l'inertie ; le décroissant est celui de la langueur
» et de la maladie (1). »

Au nom de Dieu , je vous en prie , ne retournez pas en arrière ! « L'état rétrograde d'une nation est » toujours un état contre nature (2). »

Tout vous engage et vous convie au progrès. Appelez donc au gouvernement des hommes capables de vous conduire habilement dans les champs fertiles du progrès, où vous sentirez des parfums délicieux, et où vous cueillerez des fleurs éclatantes et des fruits savoureux.

Prenez pour guides des hommes non-seulement raisonnables, mais passionnés pour la raison ; non-seulement amoureux du bien public , mais encore

(1) Adam Smith.

(2) Ricardo.

enflammés de l'amour le plus ardent du bien public;

Et, pour pouvoir leur fournir votre utile concours et l'aide de votre raison, de vos lumières et de votre expérience, fixez-vous bien sur les principes du droit et du devoir.

CHAPITRE XXII.

Du droit et du devoir.

Il y a des droits et des devoirs entre les nations et entre les hommes.

Le premier droit des nations est de faire tout ce qui n'est pas nuisible aux autres nations.

Le premier droit des hommes est de faire tout ce qui n'est pas nuisible aux autres hommes.

Le premier devoir des nations est de ne faire aucun tort aux autres nations.

Le premier devoir des hommes est de ne faire aucun tort aux autres hommes.

La nation qui fait du tort à une autre nation lui donne un droit contre elle ; et le citoyen qui fait du tort à un autre citoyen lui donne un droit contre lui. « *Juris stricti præceptum est, neminem læden-*

» *dum esse, ne detur ei in civitate actio, extrà civi-*
» *tatem jus belli* (1). »

De là naît le droit de défense naturelle qui ne s'exerce pas seulement pour la défense de l'existence d'une nation ou des membres d'une nation, du corps d'un homme ou des membres d'un homme ; mais encore pour la défense des droits moraux d'une nation, et des droits de l'âme d'un homme, des propriétés d'une nation et des propriétés d'un homme.

Ce droit de défense peut s'exercer en vain dans le cas où il y a faiblesse chez celui à qui il appartient. Alors la force s'empare de lui et exerce sur lui le droit du plus fort. Mais ce droit ne peut jamais être légitime, et il est comme un contrat qui, n'ayant pas le consentement des deux parties, est pleinement nul ; et celui qui y a été soumis conserve imprescriptiblement le droit de défense naturelle, et par conséquent celui de se soustraire au pouvoir usurpé.

Ainsi, un peuple conquis a toujours le droit de se révolter ; une nation soumise à un ou plusieurs tyrans a le droit de réclamer sa liberté ; tout esclave a le droit de se soustraire au pouvoir usurpé de son maître.

Une nation que la force a obligée à certains devoirs non consentis envers une autre nation, a le droit de se soustraire à ces devoirs ; tout peuple que la force a obligé à certains devoirs non consentis

______

(1) Leibnitz.

envers son gouvernement, a le droit de s'y soustraire ; tout homme que la force a obligé à certains
devoirs non consentis envers un autre homme, a
le droit de s'y soustraire.

Une nation à qui la force a enlevé brutalement
une province, a droit de la reprendre dès qu'elle le
peut ; un homme à qui la force ou la ruse a enlevé
une propriété quelconque, a le droit d'en demander
la restitution au voleur devant les magistrats, ou, si
le voleur ne peut pas restituer, de demander sa punition.

Une nation qui reçoit un tort a le droit de faire
un tort pareil à la nation dont elle l'a reçu ; un citoyen qui reçoit un tort s'adresse au magistrat qui
exerce ce droit pour lui, afin qu'un tort pareil soit
fait au citoyen dont il l'a reçu ; c'est le droit de re-
présailles.

Il y a des droits et des devoirs entre le créateur
et les créatures, entre les gouvernants et les gouvernés, entre les supérieurs et les inférieurs : c'est
la raison qui règle ces droits et ces devoirs.

Dieu lui-même est soumis à la raison. « On ne
» peut pas plus soutenir que la justice ou la bonté
» dépend de la volonté divine, qu'on ne peut dire
» que la vérité en dépend aussi ; car il s'ensuivrait
» que Dieu peut, sans injustice, condamner un in-
» nocent ; puisque, dans cette supposition, il pour-
» rait par sa volonté rendre une telle chose juste (1). »

Le roi est nécessairement soumis à la raison. « La

______

(1) Leibnitz

» justice des raisons est antérieure à l'établissement
» du supérieur. — On se trompe lorsqu'on dit que,
» si quelqu'un ne reconnaît point de supérieur, per-
» sonne n'a le droit de lui imposer la nécessité d'agir
» d'une certaine manière, comme si la nature même
» des choses et le soin de notre bonheur et de notre
» conservation n'exigeait pas de nous certaines
» choses (1). »

Des lois, qu'on suppose toujours dictées par la raison, indiquent aux gouvernants leurs devoirs.

Les lois, l'équité et la morale conformes à la raison, indiquent aux supérieurs leurs devoirs.

Les devoirs des créatures, des gouvernés et des inférieurs sont indiqués par la religion, les lois, l'équité et la morale qu'établit la raison.

Les droits des uns et des autres sont indiqués par la raison ; et chaque fois que les institutions, les coutumes et les usages ne sont pas conformes à la raison, il est évident qu'il y a un vice, et il faut les changer.

Une raison contraire à une autre raison peut cependant produire des droits et des devoirs. Il convient d'examiner alors quelle est la meilleure raison ; et il faut y conformer les règles des droits et des devoirs.

La raison dit que tous les hommes sont libres ; mais la raison dit aussi qu'ils ne peuvent pas jouir d'une liberté entière et absolue. Nous devons donc reconnaître que nous avons le droit d'être libres ;

____

(1) Leibnitz.

mais qu'il est de notre devoir de renoncer à notre liberté, lorsque la raison le commande : « Toute res-
» triction de la liberté, qui est produite ou approu-
» vée par la droite raison, forme une obligation vé-
» ritable (1). »

La raison proclame l'égalité, mais la raison aussi dit qu'elle est impossible; l'essentiel est donc de conformer, autant que possible, les droits et les devoirs à l'égalité. « Cette vérité, que *tous les hom-*
» *mes sont égaux*, une fois prouvée, on n'a qu'à la
» retenir au milieu de toutes les disputes qui s'agi -
» tent sur les différents droits des hommes unis en
» société, et l'on trouvera qu'elle sert beaucoup à
» montrer où est la vérité (2). »

Il convient donc de prendre la forme de gouverne-
ment qui est la plus favorable à la liberté et à l'égalité. Il est certain que c'est le gouvernement représentatif. « Le gouvernement représentatif peut seul
» répondre aux besoins des sociétés; et lui-même,
» en offrant des garanties nécessaires, en ouvrant
» la porte aux améliorations désirables, est un puis-
» sant moyen de prospérité (3). »

Je dis donc aux peuples qui n'ont pas le gouver-
nement représentatif de se donner cette forme de gouvernement, et à ceux qui l'ont déjà d'y introduire, autant que possible, l'égalité des droits et des devoirs.

(1) Burlamaqui.
(2) Locke.
(3) J.-B. Say.

CHAPITRE XXIII.

Conclusion.

J'entends des voix nombreuses qui me disent :

Tout ce que tu as enseigné est juste et raisonnable; c'est bien la chose que nous attendons; mais nous attendons aussi un homme : où est-il? Où est cet homme vertueux et habile, généreux et audacieux, qui osera entreprendre la chose malgré les clameurs qui s'élèvent, les envies, les jalousies, les réclamations, les haines qui s'enflent et se gonflent et lancent leur venin, les entraves qui se multiplient, les obstacles qui surgissent, les mauvaises passions qui se dressent, les démons qui se précipitent contre celui qui fait le bien? Où est-il?

Ce n'est pas à son physique qu'il vous sera facile de le reconnaître; peu importe qu'un homme d'état soit beau ou laid; cependant vous devez regarder

sa figure pour reconnaître son âge qui devra être
de trente-cinq à quarante-cinq ans ; mais il pourra
paraître un peu plus jeune, parce que son regard
aura tout le feu et la vivacité d'un jeune homme.
« Un homme d'un âge mûr, qui a le feu et la viva-
» cité de la jeunesse, est très bien constitué pour
» les affaires (1). »

C'est surtout son moral qu'il faudra considérer ;
ce sont ses discours qui vous le feront reconnaître.
Vous devrez donc l'interroger sur les qualités nécessaires à un excellent ministre ; et ses réponses,
si elles sont conformes à ce que je vais vous dire,
vous prouveront qu'il est vraiment l'homme que
vous cherchez.

Voici ce qu'il vous dira :

« ..... Un ministre doit être sage et équitable. Si
» l'être qui commande n'a ni sagesse, ni équité,
» comment pourra-t-il commander (2)? »

Il lui faut de la probité, non-seulement parce
qu'elle est utile à la stabilité du trône et au bien-être
de la nation, mais encore et surtout parce que son
exemple est bon pour le peuple. « Le plus grand
» mal que fait un ministre sans probité n'est pas de
» desservir son prince et de ruiner son peuple ; il
» y en a un autre, à mon avis, mille fois plus dan-
» gereux, c'est le mauvais exemple qu'il donne (3). »

Il ne se contentera pas d'être vertueux : il aura

(1) Bacon.

(2) Aristote.

(3) Montesquieu.

des passions qui le rendront très vertueux. « Ce n'est
» que l'homme fortement passionné qui pénètre
» jusqu'au sanctuaire de la vertu (1). »

Outre l'intelligence, il aura l'éloquence nécessaire
pour faire comprendre et persuader ce que son intelligence aura découvert. « Un bon ministre doit
» avoir l'intelligence des affaires, et l'éloquence qui
» persuade ses opinions (2). »

Ses discours ne seront pas longs. « Ceux qui abon-
» dent en paroles sont stériles à bien dire et à
» bien faire (3). » — Ce qui manque aux ora-
» teurs en profondeur, ils vous le donnent en lon-
» gueur (4). »

Ses discours ne seront ni prolixes ni recherchés.
« Les discours prolixes et recherchés sont précisé-
» ment aussi commodes pour l'expédition des af-
» faires, qu'une robe à longue queue l'est pour la
» course (5). »

« La bonne foi est l'âme d'un grand ministre (6). »

« Lorsqu'un homme a assez de pénétration et de
» jugement pour discerner aisément ce qu'il doit
» découvrir, ce qu'il doit cacher entièrement, et ce
» qu'il ne doit laisser voir qu'en partie à quelles
» personnes et dans quelles occasions il doit s'ou-
» vrir, genre de talent qui est proprement celui de

(1) Helvétius.
(2) Plutarque.
(3) Charron.
(4) Montesquieu.
(5) Bacon.
(6) Montesquieu.

» l'homme d'état, il a rarement besoin de dissimu-
» ler, et la dissimulation ne serait pour lui qu'un
» embarras et une petitesse qui ferait souvent obs-
» tacle à ses desseins (1). »

Il sera prudent et non pas fin. « Il y a certes une
» différence infinie entre un homme fin et un
» homme prudent, non-seulement par rapport à
» l'honnêteté, mais même par rapport à l'habileté ;
» et tel qui sait mêler les cartes, n'en joue pas
» mieux (2). »

Il sera savant. « L'ignorance, dans les personnes
» puissantes, est odieuse et honteuse, parce qu'elle
» est nuisible aux autres (3). »

Mais je ne veux pas dire qu'il connaîtra toutes
les sciences : j'entends seulement qu'il connaîtra en
général les principes des choses, qu'il saura les ap-
pliquer aux temps et aux circonstances, et les faire
servir à ses desseins. « Il serait à désirer que les
» hommes qui ont du pouvoir, eussent de la con-
» naissance en proportion : mais quand le détail
» des sciences, des arts, de l'histoire et des langues
» n'y serait pas, un jugement solide et exercé, et
» une connaissance des choses également grandes
» et générales, en un mot, *summa rerum*, pourrait
» suffire (4). » Je dis plus : je prétends que cette connaissance devrait suffire : car, en supposant qu'il
fût possible qu'un homme connût toutes les sciences

(1) Bacon.
(2) Idem.
(3) Platon.
(4) Leibnitz.

dans tous leurs détails, sa mémoire serait trop char-
gée, et son jugement et son esprit devraient nécessairement en souffrir.

« Celui qui veut se distinguer par son esprit, doit
» nécessairement employer la plus grande partie de
» son temps à l'observation des rapports divers que
» les objets ont entre eux, et n'en consommer que
» la moindre partie à placer des faits ou des idées
» dans sa mémoire, vérité qu'avait vraisemblable-
» ment aperçue Descartes, lorsqu'il dit que, pour
» perfectionner son esprit, il faut moins apprendre
» que méditer (1). »

Il sera donc souvent plongé avec passion dans ses
profondes méditations. « Ce ne sont jamais que des
» hommes accoutumés à méditer, qui peuvent aper-
» cevoir les causes éloignées du renversement des
» états. C'est l'œil d'aigle des passions qui perce
» dans l'abîme ténébreux de l'avenir : l'indifférence
» est née aveugle et stupide (2). »

Il sera grave et sérieux, et surtout il n'aura pas
l'esprit railleur. « Il n'est peut-être pas de fléau égal
» à celui dont les royaumes et les républiques sont
» affligés, lorsque les conseillers des rois, ou les sé-
» nateurs, ou en général ceux qui sont au gouver-
» nail, sont d'esprit railleur (3). »

Il sera doux, calme, modéré, sans colère et sans

(1) Helvétius.
(2) Idem.
(3) Bacon.

emportement, toujours noble et digne en ses paroles, ses gestes et ses actions.

Il sera probe, capable, indépendant, courageux ; ses actions et ses paroles seront pleines de franchise et de vérité, et il ne flattera ni le roi, ni les législateurs, ni le peuple.

Il ne pensera pas à l'agrandissement de sa patrie, si elle est assez grande pour n'avoir pas à craindre d'être conquise, ou du moins il ne voudra pas l'agrandir par des conquêtes. S'il peut y joindre une province ou un état par des traités consentis par les deux parties, sans qu'il y ait aucun tort fait aux autres nations, sans qu'il y ait des intérêts lésés, il le fera ; mais ce ne sera jamais l'objet unique de sa politique, et il ne pensera à la guerre que dans le cas de légitime défense.

Dans les faveurs dont il disposera, dans les nominations et promotions, dans les honneurs et récompenses qu'il accordera, il aura toujours égard aux droits et au mérite des prétendants, et s'il donne la préférence à ses parents et à ses amis, ce ne sera qu'à mérite et à droits égaux.

Il aura une âme inaccessible aux sollicitations, aux craintes et aux préjugés, *fortem et tenacem propositi*. « Comment l'homme élevé aux premiers postes
» renversera-t-il les obstacles que certains préjugés
» mettent au bien général, et résistera-t-il aux me-
» naces, aux cabales des gens puissants, souvent
» intéressés au malheur public, si son âme n'est

» inabordable à toutes espèces de sollicitations, de
» craintes et de préjugés (1). »

Il sera donc audacieux, il le faut absolument pour
détruire les oppositions nuisibles à ses bonnes intentions, pour exercer une influence salutaire sur les
hommes qui doivent concourir à l'exécution de ses
desseins, pour inspirer une entière confiance aux
hommes de tous les rangs, de toutes les conditions,
et à toutes les classes de la société. « Ne voit-on pas
» journellement que la seule audace suffit pour sub-
» juguer et enchaîner les âmes faibles? l'état des
» affaires humaines est si variable en lui-même,
» et les hommes, par leur propre instabilité, don-
» nent tant d'avantage sur eux, que tout individu
» qui, s'attachant sérieusement à son objet, réitère
» et varie continuellement ses tentatives, sans jamais
» lâcher prise, obtient enfin des succès qui tiennent
» du miracle (2). »

Il sera économe dans tous les temps, afin de faire
peser sur le peuple les charges les plus légères qu'il
lui sera possible; mais il ne sera pas avare, et il
aura soin qu'aucun service ne souffre, qu'aucune
entreprise ne manque, faute d'hommes et d'argent.
Quand il n'y aura pas de guerre, quand le service
sera moins coûteux, quand il n'y aura que des entreprises de commerce et d'industrie, de salubrité,
de prévoyance et de prospérité, quand enfin on sera
en pleine paix, il diminuera les dépenses et fera des

(1) Helvétius.
(2) Bacon.

économies, afin de n'être pas obligé d'emprunter,
s'il survenait une guerre.

Il pensera avec raison que « l'économie politique
» se propose deux objets distincts : le premier, de
» procurer au peuple un revenu et une subsistance
» abondante, ou, pour mieux dire, de le mettre
» en état de se procurer lui-même ce revenu ou
» cette subsistance abondante ; le second, de fournir
» à l'état ou à la communauté un revenu suffisant
» pour le service public (1). » Et il cherchera à atteindre ce double but.

Il pensera aussi que le gouvernement d'une nation doit être le plus fort possible, et le peuple le
plus libre possible ; et il cherchera à atteindre ce
double but.

Il n'aura pas l'ambition de dominer sur le roi,
d'exercer seul le pouvoir, et de gouverner suivant
ses seuls caprices ; car il sera convaincu que ce
n'est ni juste ni raisonnable ; et que cette grande
autorité peut exciter des soupçons dangereux dans
l'ame du monarque, et donner trop d'orgueil au
ministre, et le pousser même à usurper ; et il priera
lui-même le roi de veiller sur lui et de se réserver
précieusement le droit d'approuver et d'improuver,
d'ordonner et de défendre, ce droit étant la sauve-
garde du trône ; et il aura soin de rapporter tout
au roi et non pas à lui-même, de parler au parlement et au peuple au nom du roi et non pas en son
propre nom, et de veiller aux intérêts du roi et

____

(1) Adam Smith.

non pas à ses propres intérêts. « Les princes qui
» gouvernent par autrui, courent de grands dan-
» gers, car ils dépendent de la volonté des minis-
» tres, qui, au premier mouvement, leur peuvent
» enlever l'état, soit en refusant de leur obéir, soit
» en se révoltant contre eux. — Il faut que les
» princes ne donnent à leur ministre qu'assez d'au-
» torité pour qu'il reste toujours quelque intervalle
» entre eux et lui; autrement ces princes seront
» victimes de leur imprudence. — Quand vous
» voyez que votre ministre pense plus à lui qu'à
» vous, et que toutes ses actions tendent à son
» profit, vous ne devez jamais vous y fier (1). » —
» Un roi qui confie le gouvernement de son royau-
» me à un ministre, et qui s'endort et ne peut
» s'éveiller qu'avec la permission du ministre, perd
» la vie et la royauté tout ensemble (2). »

Un bon ministre doit recevoir et demander res-
pectueusement les avis et les conseils du roi et du
parlement, interroger la voix de la presse, accueillir
favorablement les conseils de chaque citoyen, savoir prendre partout des informations, des renseignements et des lumières, faire faire des enquêtes, et
recevoir avec empressement et récompenser même
le citoyen le plus pauvre, qui propose un projet
avantageux.

Son ambition doit être d'établir la prospérité et le
bonheur chez sa nation, d'unir toutes les nations et

(1) Machiavel.
(2) Hobbes.

d'augmenter, améliorer et perfectionner toutes les choses de la terre, pour augmenter, améliorer et perfectionner la condition de tous les hommes de la terre. « S'il se trouve un mortel qui n'ait d'autre
» ambition que celle d'étendre l'empire et la puis-
» sance du genre humain tout entier sur l'immen-
» sité des choses, cette ambition (si toutefois on
» peut lui donner ce nom), on conviendra qu'elle
» est plus pure, plus noble et plus auguste que
» toutes les autres (1). »

Citoyens de toutes les nations qui m'écoutez, s'il se rencontre un homme sur la terre qui vous tienne un pareil discours, si ses paroles vous semblent inspirées, si, pendant qu'il parlera, un rayon de lumière semble illuminer son front, et son entendement semble étinceler dans son regard, ce qui est très possible, car « on ne peut nier que Dieu ne
» puisse illuminer l'entendement par un rayon venu
» immédiatement de la source de lumière (2), »
si cet homme n'a jamais gouverné, soyez sûrs que c'est celui que vous attendez.

Priez-le donc de vous suivre, et que ceux qui l'auront rencontré le conduisent à leur nation, et le prient de la gouverner, afin que sa manière de gouverner fasse le bonheur de cette nation et soit imitée par les autres qui jouiront ainsi du bonheur qu'il aura fait naître.

Il y aura peut-être quelques hommes qui soutien-

1 Bacon.

2 Locke.

dront qu'il est fou, insensé, que ses projets sont chimériques, qu'il est trop présomptueux et manque de maturité. « Le même projet qui, vaste et
» grand, paraîtra cependant d'une exécution facile
» au grand ministre, sera traité par un ministre
» ordinaire de fou, d'insensé; et ce projet, pour
» me servir de la phrase usitée parmi les sots, sera
» renvoyé à la république de Platon (1). » — « Lors-
» que vient à paraître quelque mortel ayant le
» sentiment de sa force, qui ose promettre de plus
« grandes choses, sa généreuse hardiesse est taxée
» de présomption et imputée à défaut de matu-
» rité (2). »

Gardez-vous bien de croire aux paroles de ces hommes, et rapportez-vous en plutôt au public :
« Le public, plus éclairé qu'eux, ne donnera ja-
» mais le nom de fou à ceux qui le sont à son pro-
» fit (3). »

Priez-le donc de gouverner, et soyez sûrs qu'il sera bien accueilli par le peuple, et que, dès que ses actes lui auront acquis l'estime générale, et la gloire qui en est la suite, il n'aura plus d'envieux.
« Il est certain qu'un peuple qui est fatigué des mi-
» nistres qui le gouvernent depuis longtemps ac-
» cueille plus favorablement ceux qui débutent....
» La gloire n'engendre point d'envie quand elle
» s'acquiert promptement (4). »

(1) Helvétius.
(2) Bacon.
(3) Helvétius.
(4) Plutarque.

Si cet homme existe, ce que j'ignore, car Dieu ne
m'a pas dit s'il est né ou à naître ; s'il existe, il n'a
peut-être pas atteint l'âge que la providence a dési-
gné, ou peut-être des obstacles invincibles, jusqu'à ce moment, empêchent son apparition. S'il est
vrai que des obstacles le retiennent, soyez sûrs qu'il
les vaincra et que, plus ils auront été forts, plus il
paraîtra avec éclat. « Le mérite est comme la pou-
» dre ; son explosion est d'autant plus forte qu'elle
» a été plus comprimée (1). »

Quand il paraîtra, hâtez-vous de lui rendre toutes
les circonstances favorables et aplanissez à l'instant
toutes les difficultés qui pourraient s'opposer à son
élévation ; et pour cela je vous engage à exiger dès
ce moment que le mérite seul élève aux premières
places. « Par quelle raison les grands ministres sont-
» ils les hommes les plus rares ? c'est qu'à la mul-
» titude de circonstances dont le concours est ab-
» solument nécessaire pour former un grand génie,
» il faut encore unir le concours de circonstances
» propres à élever cet homme de génie au minis-
» tère. Or, la réunion de ces deux concours de cir-
» constances, extrêmement rare chez tous les peu-
» ples, est presque impossible dans les pays où
» le mérite seul n'élève point aux premières pla-
» ces (2). »

En quelque condition élevée que cet homme soit

(1) Helvétius.
(2) Idem.

placé, dans quelque basse condition qu'il se trouve, priez votre roi de le faire son premier ministre, mettez à sa disposition les hommes et les choses, et soyez certains qu'il vous conduira au bonheur.

Ne croyez pas cependant qu'il puisse vous conduire dans peu de temps à votre rénovation : certes, il ne le pourra pas : il faut peut-être plus de cent ans pour arriver à la rénovation. Pour arriver sûrement au but, il faut marcher lentement et prudemment. Il y a tant d'intérêts à ménager, tant de droits acquis à désintéresser, tant d'abus à arracher sans faire crier, tant de méchantes passions à dompter, tant de mauvaises mœurs à corriger, il y a enfin tant à faire, qu'il faut au moins un siècle, comme je vous l'ai dit, pour arriver à la rénovation. Mais il vous en fera prendre le chemin, et il vous conduira dans la bonne voie aussi vite et aussi agréablement que possible ; et vous serez heureux, car on l'est avec l'espérance d'un heureux avenir.

D'autres probablement continueront son œuvre. Josué remplaça Moïse, et conduisit Israël à la terre promise. Un autre le remplacera et vous conduira peut-être à la rénovation.

Alors la terre verte et féconde sera toujours parée de fleurs et de fruits. Les champs, riches et gracieux, produiront avec abondance la nourriture et le vêtement. On verra paître l'herbe épaisse des prés par de nombreux troupeaux qui grandiront et s'engraisseront pour nourrir et vêtir les hommes. Les chaleurs excessives de l'été ne seront plus nuisibles au laboureur ; la rigueur du froid ne glacera plus le vieillard ; parce que tout le monde pourra se garantir et du chaud et du froid. Les villageois habiteront des chaumières propres et commodes, et danseront joyeux aux sons gais de leur vive musique. L'industrie étalera son luxe dans les villes peuplées d'habitants nombreux et contents. Les mers seront couvertes de navires. On parcourra les espaces avec la rapidité de l'aigle. L'amour unira les deux sexes; l'amitié, la charité et l'humanité uniront les hommes et les nations. Tous les droits seront respectés; tous les devoirs seront remplis. La terre sera partout un brillant jardin; l'atmosphère sera toujours parfumée; l'air retentira sans cesse de concerts harmonieux ; les visages seront constamment sereins, et les âmes tou - jours heureuses.

Et, maintenant, voulez-vous chercher cet homme? Et, si vous le trouvez, voulez-vous qu'il vous gouverne? Et, si vous ne le trouvez pas, voulez-vous faire ce que je vous ai enseigné? C'est le moyen de marcher à votre rénovation. Et maintenant, ne voulez-vous pas chercher cet homme? Et, s'il se présente, ne voulez-vous pas qu'il vous gouverne? Et s'il ne se présente pas, ne voulez-vous pas faire ce que je vous ai enseigné? C'est le moyen de vous plonger de plus en plus dans votre corruption. Choisissez.

Si vous préférez votre rénovation, vous jouirez de tout le bonheur possible sur la terre, et des ré-compenses célestes vous attendent. Si vous préférez votre corruption, vous supporterez tout le malheur

possible sur la terre , et la colère divine vous menace. Choisissez.

Puissé-je voir bientôt que vous marchez à votre
rénovation et que vous êtes heureux ! Je le désire du
plus profond de mon cœur.

FIN.

TABLE.

LIVRE PREMIER.

LIVRE SECOND.

FIN DE LA TABLE.